ソーシャルワーカーのための
災害福祉論

家髙将明・後藤至功
山田裕一・立花直樹 [編著]

ミネルヴァ書房

はじめに

　2021（令和3）年から社会福祉士の養成カリキュラムが見直された。この見直しは，地域の住民や多様な主体が支え合い，人々が様々な生活課題を抱えながらも住み慣れた地域で自分らしく暮らしていくことのできる「地域共生社会」を実現するうえで，ソーシャルワーク専門職である社会福祉士の役割が重要であり，その実践力を有する社会福祉士を養成するための改正であった。近年の福祉政策の動向をみると，地域共生社会，あるいは地域包括ケアシステムを実現するための種々の取り組みが進められている。社会福祉士における養成カリキュラムの見直しも，その一環であった。

　地域包括ケアシステムと地域共生社会の関係性については，前者は高齢者を対象とした支援体制であるが，後者は従来の支援が高齢者，障害者，児童といった分野別，年代別による縦割りの体制であったことに対する反省を踏まえ，世代や分野を超えた地域包括ケアシステムを深化させた体制であると説明されることが多い。

　このことから地域共生社会とは，地域包括ケアシステムを土台として発展した概念であるといえるが，そもそも地域包括ケアシステムという用語が示す「包括」とは何を指しているのであろうか。地域包括ケアシステムとは，住み慣れた地域で自分らしい暮らしを，人生の最後まで可能な限り続けることができるように，住まい，医療，介護，予防，生活支援が地域で一体的に提供される体制を指している。ここからは，地域包括ケアシステムの「包括」とは，「住まい」「医療」「介護」「予防」「生活支援」といった要素を包括的に提供することで人々の暮らしを支えることを表していると読み取ることができる。またこれらの要素を提供するためには，福祉専門職だけの力だけでは当然成し遂げることはできない。行政や地域住民も含む多様な主体との協働による包括的な支援を展開することも求められるのであり，この点も「包括」という言葉が

指し示す内容に含まれる。

　一方で，本書では巻末資料に日本の主な自然災害を一覧としてまとめているが，これをみると，私たちは地震，台風，豪雨，火山噴火といった様々なリスクと隣り合わせの「災害大国」に暮らしているという事実に気づかされる。そして地域包括ケアシステムや地域共生社会といった概念が，人々の地域での暮らしを人生の最後まで支えることを目指すものなのであれば，それは人々の日常の暮らしを支えるだけでなく，防災や減災，あるいは被災者支援といった災害リスクへの対応も含んだ「包括」的な体制でなければならない。

　それでは災害リスクへの対応に焦点を当ててみた場合，社会福祉士や精神保健福祉士を含む福祉専門職はどのような役割を担うことが求められているのであろうか。東日本大震災以降，災害時における高齢者や障害者といった要援護者への支援は，急速に整備されつつあるが，今日においても災害時における支援を展開するうえで，命を守ることが第一優先とされ，画一的な支援が中心となり，個々のニーズに合わせた細やかな支援が十分に行われていないケースや，エンパワメントやストレングス，合理的配慮といった視点が見過ごされているケースも散見される。福祉専門職は，人々の「生命（いのち）」「生活（くらし）」「人生」を守り，その尊厳を支えることが，その専門性として求められている。地域共生社会が，住み慣れた地域で自分らしい暮らしを人生の最後まで可能な限り続けることを目指すのであれば，福祉専門職には災害時においても自らの専門性を発揮することが求められるはずである。

　新しい社会福祉士および精神保健福祉士の養成カリキュラムでは，災害支援について学ぶ学習内容が複数の科目にまたがって散りばめられている。本書は，各科目にまたがった災害支援の学習内容を一冊にまとめることで整理し，各内容をさらに掘り下げて学ぶことができるよう構成されている。また本書は，災害対応にまつわる法制度の理解や災害時の支援体制の理解といった学びにとどまるのではなく，被災者の語りやリアルな事例を提示することで当事者の声を可能な限り可視化することを目指している。

　災害時においても，福祉専門職が自らの専門性を発揮し，被災者の生活と尊厳を守ろうとするのであれば，それはおのずと当事者の声に耳を傾け，その声

を真摯に受け止めることが必要となる。また災害支援を学ぶ学習者には，当事者のリアルな声を知り，その声をもとに災害支援の在り方について考えることが期待されている。さらに災害における被害は，地震，台風，豪雨，火山噴火といった自然現象そのものの脅威によってのみもたらされるのではなく，社会が抱える脆弱性との相乗効果によって引き起こされるものである。[1]

　つまり本書で示す被災者の声は，平常時の社会が抱える脆弱性とつながっているともいえる。本書は，災害時のリスクに対して平常時からいかに備えるのか，また発災後にいかに支援を展開するのかといった災害支援に関する学びを促すものであるが，それだけにとどまらず，本書をもとに社会が平常時から抱える脆弱性にも目を向けるとともに，人間の可能性について考えるきっかけとなることをねらいとしている。

　本書は，災害支援について学ぶ，社会福祉士，精神保健福祉士，介護福祉士，保育士等を目指す初学者向けのテキストであるが，福祉・医療・保健分野に携わる専門職の方々や災害支援にかかわる各種関係者の方々にも手に取っていただきたいと考えている。本書が広く活用され，それぞれの活動のヒントとなることができれば幸いである。

　　2023年7月

編著者を代表して　家髙将明

注
(1)　Wisner, B., Blaikie, P., Cannon, T. & Davis, I. (2003) *At Risk: Natural Hazards, People's Vulnerability and Disasters, 2nd Ed.,* Routledge.（＝2010，渡辺正幸・石渡幹夫・諏訪義雄ほか訳『防災学原論』築地書館。）

目　　次

はじめに

序　章

ソーシャルワーカー養成における災害支援

1　ソーシャルワークによる災害支援の萌芽

（1）近年の災害と災害派遣医療チーム（DMAT）の発足

　現在，日本におけるソーシャルワーカーの国家資格としては，社会福祉士と精神保健福祉士が位置づけられている。

　1989（平成元）年に社会福祉士国家試験が開始されて以降，1991（平成3）年に雲仙普賢岳噴火，1993（平成5）年に北海道南西沖地震（奥尻島地震），1995（平成7）年に兵庫県南部地震（阪神・淡路大震災）などが起こり多数の死者・不明者が発生した。また，1999（平成11）年に精神保健福祉士国家試験が開始されて以降では，2004（平成16）年に新潟県中越地震，2007（平成19）年に新潟県中越沖地震，2008（平成20）年に岩手・宮城内陸地震が起こり多数の死者・不明者が発生した[1]。

　辺見が「災害現場に医療チームが派遣されていれば，阪神淡路大震災で避けられた"災害死"が500人〜600人と数多く存在した[2]」と報告したことで，2005（平成17）年に厚生労働省が「災害派遣医療チーム（DMAT：Disaster Medical Assistance Team）」を全国的に組織化し，その後に起きた大規模災害，事故（JR 福知山線の脱線事故）や事件（秋葉原無差別殺傷事件）などに派遣された。一方で，DMAT の中に医療ソーシャルワーカー（社会福祉士）や精神科ソーシャルワーカー（精神保健福祉士）もメンバーとして加わり，医療支援の現場でチームの一員として支援活動を展開してきた。ただし，このときの支援活動の実際は，情報整理や調整などの事務的な役割が中心であり，ソーシャルワーク等を

主体とした福祉的支援活動とはいえない状況であった。

　そのため，2009（平成21）年度の社会福祉士および精神保健福祉士の養成カリキュラム改正の際は，養成課程における科目内容の重要項目（大項目・中項目・小項目）やキーワード中に「災害」「災害支援」が入るのではないかと期待されたが，一切記述されることはなかった。それは，2005（平成17）年以降，DMAT として医師・看護師等の医療専門職は被災地に派遣され救命実績を積み重ねたが，福祉専門職である社会福祉士や精神保健福祉士の派遣が一部の都道府県にとどまったこと，派遣された社会福祉士や精神保健福祉士の支援活動が医療福祉領域にとどまったことなど，福祉専門職の活動が十分に認知・普及・一般化されていなかったことが大きな理由と考えられる。

（2）災害弱者から災害時要援護者，避難行動要支援者へ

　1985（昭和60）年7月26日に発生した地附山地すべり災害（長野市）で老人ホームに入所中の26人の高齢者が生き埋めになった事故や，1986（昭和61）年7月31日に発生した精神薄弱者養護施設・陽気寮の火災（神戸市）で寮生8人が焼死したことが契機となり，「災害弱者」という言葉がクローズアップされた。

　1987（昭和62）年，政府の関連文書に「災害における弱者」という表現がはじめて記載され，災害弱者を「地震，風水害，火山災害，火災等の災害が発生した場合には，人的な被害を最小限に抑えるために，必要な情報を迅速かつ的確に把握し，災害から自らを守るために安全な場所に避難するなどの行動をとる必要がある。こうした災害時の一連の行動に対してハンディを負う人々（①自分の身に危険が差し迫った場合，それを察知する能力が無い，または困難を抱えている人，②自分の身に危険が差し迫った場合，それを察知しても救助者に伝えることができない，または困難を抱えている人，③危険を知らせる情報を受けることができない，または困難を抱えている人，④危険を知らせる情報が送られても，それに対して行動することができない，または困難を抱えている人）」と定義した。具体的には「傷病者，身体障害者，精神薄弱者（現在は知的障害者）をはじめ日常的には健常者であっても理解能力や判断力を持たない乳幼児，体力的な衰えのある老人（現在

は高齢者），わが国の地理や災害に対する知識が低く，日本語の理解も十分でない外国人など」を災害弱者とし，2700万人と推計している[3]。その後，高齢者や障害者，在留外国人が年々増加しており，災害弱者はますます増加していると推察され，災害支援の大きな課題となっている。

　この1987（昭和62）年の時点で，政府は，災害弱者の災害時の課題として「災害弱者は，災害そのものについて知ろうとしたり，災害から身を守る方法を自分で学んだり，訓練しようとしても，その手段や方法が非常に限られている」「災害の発生等に関する情報の形態や伝達方法も，現状では災害弱者に確実に伝達され，理解されるような形になっていない」「災害弱者は一人では避難できない」「一般住民にふだん交流のない弱者への確実な救援を期待するのは困難である」等を認識していた[4]。しかし40年近く経過した今でも課題は解決されていない。

　その後，2004（平成16）年に全国各地で発生した台風や大雨による災害では，災害時に自力では迅速な避難行動をとることが困難とされる高齢者等の災害時要援護者に対する避難支援対策が課題として認識され，2005（平成17）年3月に「災害時要援護者の避難支援ガイドライン」がまとめられた[5]。2010（平成22）年，政府は，災害時要援護者を「避難行動要支援者」と「情報伝達要支援者」の2つに分類したうえで定義している（表序-1）。また，自然災害における「災害時要援護者の犠牲者ゼロ」を目指し，①市町村において災害時要援護者の避難支援の取組方針（全体計画）などを策定する，②先進的な市町村における取り組み事例や実災害時における被災地での様々な関係者による具体的な取り組み事例を自治体間で共有し，援助者間で共通認識をもつ，③日常より地域コミュニティの結びつきを強め，災害が発生した時に自主防災組織や自治会，町内会などが避難支援を行う，④災害発生に備え，介護保険の被保険者台帳，身体障害者手帳交付台帳，療育手帳交付台帳，精神障害者保健福祉手帳交付台帳などの既存の要援護者を対象とした名簿等を活用し，避難支援が必要と思われる住民に対して，避難行動に関する情報の伝達や安否確認を行う等の対応が必要であると提案されている[6]。

　2013（平成25）年6月の災害対策基本法の改正により，同法第49条の10に，

避難行動要支援者 （自治会・自主防災組織・消防団，介護サービス事業所，タクシー会社等民間機関が避難支援を行う）	情報伝達要支援者 （民生委員，介護サービス事業者が情報伝達を行う）
◎　次のいずれかの要件を満たす者であって，生活の基盤が自宅にあり，かつ単身世帯，高齢者のみ世帯，障がい者のみ世帯及び高齢者・障がい者のみ世帯に属するもの ①　要介護認定3～5を受けている者 ②　身体障害者手帳1・2級（総合等級）の第1種を所持する身体障がい者 　（心臓，じん臓機能障がいのみで該当する者は除く） ③　療育手帳Aを所持する知的障がい者 ◎　上記以外で自治会が支援の必要を認めた者	◎　次のいずれかの要件を満たす者であって，生活の基盤が自宅にあり，かつ避難行動要支援者に該当しないもの ①　要介護認定3～5を受けている者 ②　身体障害者手帳1・2級（総合等級）の第1種を所持する身体障がい者 　（心臓，じん臓機能障がいのみで該当する者は除く） ③　療育手帳Aを所持する知的障がい者 ④　精神障害者保健福祉手帳1・2級を所持する者で単身世帯の者 ⑤　市の生活支援を受けている難病認定者 ◎　上記以外で自治会が支援の必要を認めた者

出所：災害時要援護者の避難対策に関する検討会（2010）「災害時要援護者の避難対策事例集（平成22年3月）」11頁。

高齢者，障害者，乳幼児等の防災施策において特に配慮を要する人（要配慮者）のうち，災害発生時の避難等に特に支援を要する人の名簿（避難行動要支援者名簿）の作成を義務づけること等が規定された。[7]　実際には，市町村のガイドラインや避難計画では，災害時の要配慮者は，高齢者，障害者，難病患者，乳幼児，妊産婦，外国人などを指し，避難行動要支援者とは要配慮者の中でも避難時に支援が必要な人を指している。

　ソーシャルワーカーとして避難行動要支援者や情報伝達要支援者への支援や対応は日常より検討しておく必要があるが，地域支援の枠組みの中で関係機関や施設・事業所とも共通認識を図っておく必要があるだろう。

（3）近年の災害と災害福祉支援チーム（DWAT）の発足

　その後，2011（平成23）年に東北地方太平洋沖地震（東日本大震災）が起きた際に，岩手県と京都府で独自に災害福祉支援チームが派遣され成果を上げたことで，各都道府県に設置の動きが広まり，2016（平成28）年の熊本地震および

前後して多数発生した豪雨災害等の際に，各都道府県の災害派遣福祉チーム（DCAT：Disaster Care Assistance Team／DWAT：Disaster Welfare Assistance Team）が被災地に派遣され，多くの活動実績を積み重ねてきた。

　DCAT は，2012（平成24）年度の全国済生会福祉施設長会にて，東日本大震災における災害時の高齢者などへのケアの必要性を踏まえ，被災施設からの要請に応じて人的・物的支援を行う目的で発足された[8]。その後，徐々に DCAT を設置する地方自治体や団体が増加していった。

　一方，DWAT の発足は，2018（平成30）年に厚生労働省が「災害時要配慮者（災害を受けた地域の高齢者や障害者，子どものほか，傷病者等）の福祉ニーズに的確に対応し，その避難生活中における生活機能の低下等の防止を図りつつ，一日でも早く安定的な日常生活へと移行できるよう，必要な支援を行うことが求められている。このため，各都道府県は，一般避難所で災害時要配慮者に対する福祉支援を行う災害派遣福祉チームを組成するとともに，一般避難所へこれを派遣すること等により，必要な支援体制を確保することを目的として，都道府県，社会福祉協議会や社会福祉施設等関係団体などの官民協働による『災害福祉支援ネットワーク』を構築するもの」と決定したことに端を発する[9]。

　そのため，2019（令和元）年から厚生労働省の委託を受けた全国社会福祉協議会が災害派遣福祉チームリーダー養成研修を実施し，厚生労働省は災害時の要援護者らを支援する災害派遣福祉チーム（DWAT）の取り組みを集約する災害福祉支援ネットワーク中央センターを2022（令和4）年度中に創設することを決めた[10]。

　なお，DCAT と DWAT には明確な法的根拠がなく，都道府県によって設置状況も異なる[11]。近年は，DCAT から DWAT へと改称する自治体や団体が多く，徐々に DWAT に移行している状況といえる。

　このような状況から，2021（令和3）年度から社会福祉士および精神保健福祉士の養成カリキュラムが改正される際には「災害時におけるソーシャルワーク」という新たな科目の誕生が期待されたが，創設されることはなかった。それは，災害ソーシャルワークの理論と援助手法が，いまだ十分に確立されていない証でもある。

2　ソーシャルワーカー養成科目における災害支援

　2014（平成26）年に採択された「ソーシャルワーク専門職のグローバル定義」では，人間の尊厳と社会正義に加え，人権，集団的責任，多様性の尊重，全人的存在がより重視され，「原理」に規定する「人間の尊厳」の項目で挙げている例示に，民族，国籍，性自認，性的指向が追加されている。つまり，多様性や人権を尊重するということは，よりグローバルな視点や意識をもって対話や相手理解を試みる中での人間関係の調整や人と環境の調整が必要とされており，まさしくソーシャルワーカーの活躍がより求められている状況となっている。

　このような社会的状況と「ソーシャルワーク専門職のグローバル定義」を踏まえ，社会福祉士並びに精神保健福祉士のカリキュラムが改正され，2021（令和3）年度の入学生より，新カリキュラムがスタートした。科目として独立はしなかったものの，新カリキュラムにおける各科目内容の重要項目（大項目・中項目・小項目）やキーワード中に「災害」「災害支援」が明記され，社会福祉士や精神保健福祉士を目指す学生が，災害支援に関する知識や技術を標準的に学ぶことを養成教育に位置づけた。

（1）共通科目（講義）における"災害"記述

　社会福祉士・精神保健福祉士の共通科目（講義）では，「社会学と社会システム」「地域福祉と包括的支援体制」の2科目の各重要項目に「災害支援」が位置づけられた。

　第一に，「社会学と社会システム」においては，中項目に"災害と復興"が，その小項目に"避難計画，生活破壊，生活再建""災害時要援護者""ボランティア"が明記された（表序 - 2）。これは，社会システムを構築するうえで，日常のみならず災害時や復興時における避難支援（避難計画等）および生活再建，災害ボランティア等も対象として捉えなおし，位置づけていくことの必要性が示されたといえる。

　第二に「地域福祉と包括的支援体制」においては，まず大項目である"地域

表序 - 2　社会福祉士・精神保健福祉士の共通科目（講義）の"災害"記述

科目名	大項目	中項目	小項目
社会学と社会システム	③　市民社会と公共性	4　災害と復興	・避難計画，生活破壊，生活再建 ・災害時要援護者 ・ボランティア
地域福祉と包括的支援体制	④　地域社会の変化と多様化・複雑化した地域生活課題	3　多様化・複雑化した地域生活課題の現状とニーズ	・ひきこもり，ニート，8050問題，ダブルケア，依存症，多文化共生，自殺，災害等
	⑦　災害時における総合的かつ包括的な支援体制	1　非常時や災害時における法制度	・災害対策基本法，災害救助法 ・各自治体等の避難計画
		2　非常時や災害時における総合的かつ包括的な支援	・災害時要援護者支援 ・BCP（事業継続計画） ・福祉避難所運営 ・災害ボランティア

出所：厚生労働省社会・援護局福祉基盤課福祉人材確保対策室（2019）「社会福祉士養成課程のカリキュラム（案）」（https://www.mhlw.go.jp/content/000525183.pdf　2023年5月1日閲覧）6頁，26頁，27頁。

社会の変化と多様化・複雑化した地域生活課題"の小項目に"災害"が明記された（表序 - 2）。これは，地域福祉推進の担い手である社会福祉士および精神保健福祉士が，地震のみならず土砂災害・豪雨災害・突風災害・火砕流災害など様々な災害の多発が予測される中で，ソーシャルワーカーとして従事する地域の要援護者である高齢者，障害児・者や乳幼児等のニーズや課題を把握することが求められているものといえる。さらには，大項目に"災害時における総合的かつ包括的な支援体制"，その中項目に"非常時や災害時における法制度"，その小項目に"災害対策基本法，災害救助法""各自治体等の避難計画"が明記された（表序 - 2）。これは，ソーシャルワーカーが災害対策や災害救援時の法制度，各自治体の避難計画を理解したうえで，要援護者である高齢者，障害児・者や乳幼児等への地域における避難や包括的支援体制の構築の役割を担うことへの期待がもたれていることを意味している。また，もう1つの中項目に

表序 - 3　社会福祉士の専門科目（講義）の"災害"記述

科目名	大項目	中項目	小項目
保健医療と福祉	②　保健医療に係る政策・制度・サービスの概要	4　保健医療対策の概要	・5事業（救急医療，災害医療，へき地医療，周産期医療，小児医療）
	⑤　保健医療領域における支援の実際	2　保健医療領域における支援の実際（多職種連携を含む）	・救急・災害現場における支援
ソーシャルワークの理論と方法（専門）	⑦　ソーシャルワークにおける総合的かつ包括的な支援の実際	4　非常時や災害時支援の実際	・非常時や災害時の生活課題 ・非常時や災害時における支援の目的，方法，留意点

出所：表2と同じ，22頁，48頁，49頁。

"非常時や災害時における総合的かつ包括的な支援"，その小項目に"災害時要援護者支援""BCP（事業継続計画）""福祉避難所運営""災害ボランティア"が明記された（表序 - 2）。これは，ソーシャルワーカーとして従事する地域で，社会福祉士および精神保健福祉士が非常時や災害時にかかわることになり得る主な4つの支援内容が明記されているものである。

（2）社会福祉士専門科目（講義）における"災害"記述

　社会福祉士の専門科目（講義）では，「保健医療と福祉」「ソーシャルワークの理論と方法（専門）」の重要項目に「災害支援」が位置づけられた。

　第一に「保健医療と福祉」においては，まず大項目である"保健医療に係る政策・制度・サービスの概要"の小項目に"災害医療"が明記された（表序 - 3）。これは，地域福祉推進の担い手である社会福祉士が災害時に医療との連携を図ることが重要であることを示している。また，大項目である"保健医療領域における支援の実際"の小項目に"救急・災害現場における支援"が明記された（表序 - 3）。これは，社会福祉士が，救急・災害現場において活動する様々な保健・医療・福祉等の専門職と住民ニーズとの調整や緊急支援会議等におけるコーディネートの役割を担うことが期待されていることを意味する。

表序-4　精神保健福祉士の専門科目（講義）の"災害"記述

科目名	大項目	中項目	小項目
現代の精神保健の課題と支援	⑤　精神保健の視点から見た現代社会の課題とアプローチ	1　災害被災者の精神保健	・こころのケアチーム ・支援者のケア ・DPAT
	⑥　精神保健に関する発生予防と対策	9　災害時の精神保健に対する対策	
精神保健福祉制度論	④　精神障害者の経済的支援に関する制度	3　低所得者対策と精神保健福祉士の役割	・災害救助等

出所：厚生労働省社会・援護局障害保健福祉部精神・障害保健課（2019）「精神保健福祉士養成課程のカリキュラム（案）」（https://www.mhlw.go.jp/content/12205000/000524188.pdf　2023年5月1日閲覧）37頁，38頁，59頁。

　第二に「ソーシャルワークの理論と方法（専門）」の中項目である"非常時や災害時支援の実際"，その小項目に"非常時や災害時の生活課題""非常時や災害時における支援の目的，方法，留意点"が明記された（表序-3）。これは，ソーシャルワーカーである社会福祉士が非常時や災害時における生活課題をしっかりアセスメントし，ニーズに即した支援方法や留意点を十分に学ぶ必要があることを示しているものである。

（3）精神保健福祉士専門科目（講義）における"災害"記述

　精神保健福祉士の専門科目（講義）では，「現代の精神保健の課題と支援」「精神保健福祉制度論」の重要項目に「災害支援」が位置づけられた。

　第一に「現代の精神保健の課題と支援」においては，まず大項目である"精神保健の視点から見た現代社会の課題とアプローチ"の中項目に"災害被災者の精神保健"，その小項目に"こころのケアチーム""支援者のケア""DPAT（Disaster Psychiatric Assistance Team：災害派遣精神医療チーム）"が明記された（表序-4）。これは，地域における精神保健福祉の担い手である精神保健福祉士が，地震のみならず土砂災害・豪雨災害・突風災害・火砕流災害など様々な災害の多発が予測される中で，ソーシャルワーカーとして従事する地域の要援護者である精神障害者や精神神経科領域の患者へのニーズと課題を平時から把握し，「こころのケアチーム」の一員として保健・医療・福祉の適切な支援に

つなげるとともに，各地から派遣される DPAT との連携・調整を担うことが求められているといえる。さらには，大項目である"精神保健に関する発生予防と対策"の中項目には"災害時の精神保健に対する対策"が明記された（表序－4）。これは，災害により精神疾患が増悪しないための対策と精神障害者や精神神経科領域の患者への救助や医療支援を平時から検討する役割を担うことが期待されていることを意味している。

第二に「精神保健福祉制度論」においては，大項目である"精神障害者の経済的支援に関する制度"の中項目に"低所得者対策と精神保健福祉士の役割"，その小項目に"災害救助"が明記された（表序－4）。これは，災害時に精神障害者や精神神経科領域の患者の避難や救助が遅れないように，平時より近隣との関係性を構築することが重要であることを意味している。

（4）各専門科目（演習）における"災害"記述

まず，社会福祉士の専門科目（演習）では，「ソーシャルワーク演習（専門）」の教育に含むべき事項に「災害」が位置づけられた。ソーシャルワーカーである社会福祉士が非常時や災害時における具体的な事例等を活用し，支援を必要とする人が抱える複合的な課題に対する総合的かつ包括的な支援について実践的に習得する必要があることを意味している（表序－5）。

次に，精神保健福祉士の専門科目（演習）では，「ソーシャルワーク演習（専門）」の教育に含むべき事項に「災害被災者」が位置づけられた。ソーシャルワーカーである精神保健福祉士が非常時や災害時における具体的な事例等を活用し，精神保健福祉士としての実際の思考と援助の過程における行為を想定し，精神保健福祉の課題を捉え，その解決に向けた総合的かつ包括的な援助について実践的に習得する必要があることを意味している。さらには，事例を通して，精神保健福祉士に共通する原理として「社会的復権と権利擁護」「自己決定」「当事者主体」「社会正義」「ごく当たり前の生活」を実践的に考察することの重要性が明記された（表序－6）。

表序 - 5　社会福祉士の専門科目（演習）の"災害"記述

科目名	教育に含むべき事項
ソーシャルワーク演習（専門）	①　次に掲げる具体的な事例等（集団に対する事例含む。）を活用し，支援を必要とする人が抱える複合的な課題に対する総合的かつ包括的な支援について実践的に習得すること。 ・虐待（児童・障害者・高齢者等），ひきこもり，貧困，認知症，終末期ケア，災害時

出所：表序 - 2 と同じ，60頁。

表序 - 6　精神保健福祉士の専門科目（演習）の"災害"記述

科目名	教育に含むべき事項
ソーシャルワーク演習（専門）	精神保健福祉援助の事例（集団に対する事例を含む。）を活用し，精神保健福祉士としての実際の思考と援助の過程における行為を想定し，精神保健福祉の課題を捉え，その解決に向けた総合的かつ包括的な援助について実践的に習得すること。すべての事例において，精神保健福祉士に共通する原理として「社会的復権と権利擁護」「自己決定」「当事者主体」「社会正義」「ごく当たり前の生活」を実践的に考察することができるように指導すること。 ②　課題 ・災害被災者，犯罪被害者支援，触法精神障害者支援

出所：表序 - 4 と同じ，64頁。

3　ソーシャルワークによる災害支援の意義

（1）社会福祉士および精神保健福祉士の養成カリキュラム改正の意味

　今後様々な災害の発生が見込まれており，発災時に備え，「災害ソーシャルワーク」を意識した活動を社会福祉士や精神保健福祉士が日常より実践することが求められる。災害支援の内容が位置づけられた養成科目を学ぶことで，より具体的な災害支援のイメージをもち，知識・技術・価値を修得したソーシャルワーカーが育成されることの意義は大きい。

　ソーシャルワーカーは，要支援者や要配慮者に真摯に向き合い，自分たちの技能，経験を発揮しながら，支援に努めなければならない。そして，専門性に鑑みて，災害時の大きな役割があるといえる。

それは，困難な被災生活を送る要援護者をはじめとする被災者の「日常性」を守ることである。災害時においてもできる限り，その人の日常においてもできる限り，その人の日常に私たちが寄り添うことによって，安心と安寧を取り戻してもらい，その人らしい日々を過ごしてもらう。このことに私たちの存在理由がある。そして，私たちにはもうひとつ，大切な役割がある。それは，災害時においても，その人の「人間としての尊厳を保障する」ということである。「災害時だから」「お世話になっているのだから」という言葉でその人の誇りや人格を押し込める災害対策に一石を投じることである[13]。

　「生きることをあきらめない」というメッセージを表明し，社会的な働きかけを促すことができるソーシャルワーカーの育成を行わなければならない。

（2）「生活モデル」を重視した災害支援のあり方

　災害現場ではまず，医療関係者が被災者の命を守る活動を最前線で指揮する。このことにより，これまでも多くの命を救うことができた。医療従事者が被災者の命をつなぐために果たしてきた役割は本当に大きい。その後，保健活動，引き続き必要な方へ介護・福祉を供給するための取り組みが進められ，特に要援護者の心身の Cure（治療）と Care （ケア）が提供される。一方で，要援護者の可能性や潜在的な力にはあまり意識が傾注されてこなかったのも事実である。要援護者を「患者」にしてはならない。福祉施設や福祉避難所を「病院」にしてはならない。その人には本来，力や可能性があって，その能力が発揮できるよう支援をどう働きかけていくか。はたして私たちは災害時に彼らの「力」や「可能性」を信じ抜くことができているのか[14]。これまでの災害時支援（発災時支援，避難時支援，生活再建時支援など）を見直し再検討していく必要がある。

　つまり，災害時に見過ごされがちとなってしまう要援護者に対する「エンパワメント支援」「ストレングス視点」に意識を向け，「合理的配慮」「アクセシビリティ」「ユニバーサルデザイン」を今一度，可視化していく必要がある。あくまでも要援護者は「主体者」であり，福祉施設，福祉避難所は「生活の場」だということを，社会に対し，実践をもって訴えかけていく必要がある。

（3）災害時の福祉的課題を「可視化」し適切な援助につなげる

　近年，全国各地で発生している地震や豪雨災害等で被災し，様々な社会的困難や理不尽な状況にある「被災者」が，指定避難所で，集団で避難生活を過ごすには様々な困難が生じる。その中でも，「認知症者」「身体障害者」「知的障害者」「発達障害者」「精神障害者」「難病患者」「乳幼児」「女性」「ひきこもり生活者」「性的少数者」「野外生活者」等が，集団で避難生活を送るには，様々なニーズを満たすことが必要だが，非常時には生命を維持することが優先され，画一的な支援が中心であり，細やかな支援やプライバシーに配慮した個々のニーズに行き届いた支援を実践することが現実的な課題となっている。さらに「非常時」という状況や言葉にかき消され，より表面化しにくい状況となっている。私たち福祉専門職は，医師のようにメスを握ることはない。看護師のように注射を打つわけでもない。では，私たちの武器は何か。それは要援護者の自立支援と，最期まで自分らしくあり続けることができるよう，潜在化する思いや課題を「可視化」していく技能であり，支援過程で様々な団体，機関と「協議」「協働」「調整」を繰り返すことで紡がれていくネットワークに他ならない。災害時に混沌として見えづらい事象を可視化し，構造的に理解したうえで，優先順位を見極め，必要な仕組みや施策を提案していく。そんな存在が今の社会には求められている。災害による困難な時期に少し目途がたった時，要援護者や地域がまた新たな一歩を踏み出せるように，常に寄り添い続けながら，彼らの人生を応援し続けることができるソーシャルワーカー（社会福祉士や精神保健福祉士）が必要とされている。

（4）災害を見据えた地域包括ケアシステムの構築

　災害時は，社会的弱者に加え災害弱者として，様々な課題が加わり，多様なニーズが浮き彫りとなる。平時であれば，支援者として支援の側に立っている地域住民が，被災すればたちまち支援が必要な立場となる。さらには，避難所や仮設住宅などでは，物理的距離（生活空間）が縮まり，精神的距離（心理空間）も縮まる。その中で，新たなストレスや課題が生み出されることになる。しかし，災害は定期的に起こるものではないし，あくまでも非常事態であり，

突発的なものである。災害時の福祉支援を考えるうえでの前提は「日常と災害時は連動する」ということであり，日常の積み上げが災害時に活きるということ（災害にも強い福祉コミュニティの構築）を支援の根本とする。また，日常では潜在化している課題（たとえば被災後の生活困窮化，児童虐待，DV，在留外国人に対する支援の必要性など）が災害時に一気に顕在化して表出してくるため，その影響が発災後（特に生活再建時）に大きな影響を及ぼすことを理解しなければならない。そのために「圏域」と「自治」を意識することが重要であり，災害を見据えた地域包括ケアシステム（要介護や要支援の状態であっても，住み慣れた地域で自分らしい主体的な生活をできるように，当事者や家族・地域住民や専門職・関係機関や施設等が協働して構築する助け合いのシステム）を，平時から圏域ごとに構築していくことが必要なのである。

注
(1) 内閣府（2023）「災害関係データ」（https://www.bousai.go.jp/shiryou/data.html 2023年5月1日閲覧）。
(2) 辺見弘（2002）「日本における災害時派遣医療チーム（DMAT）の標準化に関する研究最終報告書」『平成13年度厚生科学特別研究報告書』。
(3) 国土庁編（1987）『防災白書昭和62年版』大蔵省印刷局，27〜28頁。
(4) (3)と同じ，29〜30頁。
(5) 災害時要援護者の避難対策に関する検討会（2010）「災害時要援護者の避難対策事例集（平成22年3月）」1頁。
(6) (5)と同じ，1〜2頁。
(7) 内閣府（2022）「災害時要援護者対策」（https://www.bousai.go.jp/taisaku/hisaisyagyousei/youengosya/index.html 2023年5月1日閲覧）。
(8) 峯田幸悦（2019）「DCAT 発足」『済生会の災害医療』社会福祉法人恩賜財団済生会，15頁。
(9) 厚生労働省「災害時の福祉支援体制の整備について」（平成30年5月31日 社援発0531第1号）3頁。
(10) 福祉新聞「災害福祉中央センター創設支援体制強化へ〈厚労省〉」（2022年2月28日）（https://www.fukushishimbun.co.jp/topics/27232 2023年5月1日閲覧）。
(11) 公益社団法人全国老人福祉施設協議会（2021）「災害派遣福祉チーム（全国老施協 DWAT）Q&A」（https://www.roushikyo.or.jp/index.html?p=we-page-entry&spot=405929 2023年7月7日閲覧）。

⑿　公益社団法人日本精神保健福祉士協会（2020）「倫理綱領」（https://www.jamhsw.or.jp/syokai/rinri.htm　2023年5月1日閲覧）。

⒀　後藤至功（2021）「これだけは理解しておきたい社会福祉施設・事業所の BCP」『月刊ケアマネジメント』11，56～57頁。

⒁　後藤至功（2021）『社会福祉施設・事業所の BCP（事業継続計画）』全国コミュニティライフサポートセンター，9頁。

第1章

災害時におけるソーシャルワークの理論と方法

　本章は，災害時におけるソーシャルワークの理論と方法について概括することをねらいとしている。そのうえで，ここでは災害福祉の概念およびソーシャルワーク専門職のグローバル定義をもとに，災害時におけるソーシャルワークについて捉えていく。主として災害時におけるソーシャルワークとは，災害が発災した後の支援展開がイメージされるが，災害時のソーシャルワークと日常のソーシャルワークは切り離されたものではなく，連続性をもつものであることを確認していく。

キーワード　多様性尊重　尊厳　生活モデル　日常との連続性

1　災害福祉とは

　本章は，災害時におけるソーシャルワークの理論と方法について概括することが求められている。ここでは，災害時におけるソーシャルワークについて論を展開するうえで，より広く捉え，災害福祉の概念について確認するところからはじめていきたい。災害福祉の概念については，「災害を契機として生活困難に直面する被災者とくに災害時要援護者の生命，生活，尊厳を守るため，災害時要援護者のニーズをあらかじめ的確に把握し，災害からの救護・生活支援・生活再建に対し効果的な援助を組織化する公私の援助活動」であるとする西尾の定義が有名である。

　この定義では，災害を契機とする生活困難に対する支援活動を災害福祉とし

て捉えており，生活困難に直面する被災者を支援の対象としつつも，その中で
とりわけ災害時要援護者に対する支援を強調していることがわかる。またこの
定義の中で，災害時要援護者に対する支援を強調する背景として，この定義の
考案者である西尾は，傷つきやすさや脆 弱 さを意味する「バルネラブル
（vulnerable）」という言葉を取り上げ，高齢者や障害者といった人々がバルネ
ラブルな存在であるとし，災害は被災した地域に暮らすすべての人々の生活に
大きな影響を及ぼすが，とりわけ高齢者や障害者といった人々に大きなダメー
ジを与えることについて言及している。⁽²⁾

　実際，これまでに発生した過去の災害について目を向けてみても，2011（平
成23）年に発生した東日本大震災において障害者の死亡率は全住民の死亡率と
比べ，約2倍にのぼることが報告されており，⁽³⁾また2018（平成30）年の西日本
豪雨災害においても，被災地である倉敷市真備町の死者のうち約9割が65歳以
上であることなどが報告されている。⁽⁴⁾

　この他に，この定義は支援を行うフェーズ（局面）として「救護・生活支
援・生活再建」の3つを取り上げており，災害時における支援活動が地震災害
や豪雨災害といった災害の脅威から被災者の命を守るだけでなく，彼らのその
後の生活を支えていく支援も求められることを示している。また被災者の命と
生活を守り，生活の再建を支えていく過程においては，それぞれの段階におい
て様々なニーズが表出されることになる。そして災害時における支援は，被災
者の抱える多岐にわたるニーズに合わせて展開することが求められるのであり，
その活動は行政や専門職，あるいはボランティアも含めた公私にわたる多様な
担い手によって支えられることも，この定義は示している。

　さらに災害時において行われる種々の支援活動は，それぞれが他のものと切
り離され，別々のものとしてばらばらに展開されていたのでは被災者の生活を
十分に支えることはできない。よってこの定義においては，「組織化」という
言葉を用いて，各種支援をまとめていくことの重要性についても提示している。

　一方，ここで取り上げた災害福祉という概念は，災害時における支援活動を
展開するうえで欠くことのできない要素を示すものではあるが，災害時におけ
るソーシャルワークについて直接説明したものではない。ソーシャルワークは

福祉実践の一形態であることから，災害時におけるソーシャルワークの概念は災害福祉の概念と矛盾するものではない。しかし両者をイコールで結ぶことができない限り，災害時におけるソーシャルワークの概念は災害福祉の概念だけでは説明しきることはできない部分があるはずである。

2 グローバル定義からみた災害時におけるソーシャルワーク

　ここからは，2014年に国際ソーシャルワーカー連盟（IFSW）と国際ソーシャルワーク学校連盟（IASSW）の総会・合同会議で採択された「ソーシャルワーク専門職のグローバル定義」（以下，グローバル定義とする）をもとに，ソーシャルワークの特性について確認したうえで，災害時におけるソーシャルワークの概念について考えてみたい(5)。

　　ソーシャルワークは，社会変革と社会開発，社会的結束，および人々のエンパワメントと解放を促進する，実践に基づいた専門職であり学問である。社会正義，人権，集団的責任，および多様性尊重の諸原理は，ソーシャルワークの中核をなす。ソーシャルワークの理論，社会科学，人文学，および地域・民族固有の知を基盤として，ソーシャルワークは，生活課題に取り組みウェルビーイングを高めるよう，人々やさまざまな構造に働きかける。
　　この定義は，各国および世界の各地域で展開してもよい。

　グローバル定義については上記のように記されているが，まず着目すべきは，ソーシャルワークの中核として「社会正義」「人権」「集団的責任」「多様性尊重」の4つの概念が取り上げられている点である。
　社会正義とは，社会に正義があることを示しており，正義とは人々が従うべき正しい筋道を指している。つまり，社会正義とは社会において差別，貧困，抑圧，排除，無関心，暴力のない状態を指すといえよう。人権は，人々が生まれながらにしてもつものであり，人間の生存にとって欠くことのできない権利を指す。集団的責任とは，聞き慣れない用語であるが2つの側面があり，個人

の権利が実現されるためには他者に対してのウェルビーイング（幸福）に責任をもつこと，また共同体の中で人々が相互に助け合い，互恵的な関係を形成することの重要性を表している。そして多様性の尊重については，人種，階級，言語，宗教，ジェンダー，障害，文化，性的指向などの多様性が尊重され，社会におけるマイノリティ（少数派）である人々にも目を向けることの重要性を表している。

　またこの定義では，ソーシャルワークは人々のウェルビーイングを高めるために，「人々やさまざまな構造に働きかける」としている。これは，ソーシャルワークにおける生活課題を捉える視点が，医療モデルの発想をもとに，その原因を個人の内面に求めるのではなく，人々を取り巻く環境の影響により生じるものとして捉え，「人と環境との接点」に目を向ける生活モデルに基づいていることを示している。

　つまり，ソーシャルワークとは，人々の多様性を尊重し，社会におけるマジョリティ（多数派）として位置づけられる人々に目を向けるだけでなく，マイノリティである人々の声にも耳を傾け，彼らの権利を擁護することが求められる実践（学問）であり，地域，組織，機関，制度といった様々な構造に働きかけ，差別，抑圧，排除といった不正義な状態を緩和・解消し，人々が互いに支え合って生きる社会の実現を目指すものであるといえよう。

　ここまで，グローバル定義をもとに，ソーシャルワークの概念について整理を行ってきた。ここからは，グローバル定義の内容を災害の文脈から捉えていくために，災害福祉の定義と対比させながら，災害時におけるソーシャルワークの概念について考えてみたい。

3　災害時におけるソーシャルワークの支援

（1）多様性を尊重した支援

　災害福祉の定義においては，支援の目的として「災害を契機として生活困難に直面する被災者とくに災害時要援護者の生命，生活，尊厳を守る」こととしており，災害時要援護者の生命，生活，尊厳を守ることを第一義に取り上げて

いる。災害時要援護者とは，2006（平成18）年に発出された「災害時要援護者の避難支援ガイドライン」（以下，ガイドラインとする）において「必要な情報を迅速かつ的確に把握し，災害から自らを守るために安全な場所に避難するなどの災害時の一連の行動をとるのに支援を要する人々をいい，一般的に高齢者，障害者，外国人，乳幼児，妊婦等があげられている。要援護者は新しい環境への適応能力が不十分であるため，災害による住環境の変化への対応や，避難行動，避難所での生活に困難を来すが，必要なときに必要な支援が適切に受けられれば自立した生活を送ることが可能である」とされている。[7]

　このガイドラインに示される災害時要援護者の定義の特徴としては，一般的な福祉の支援対象とされる高齢者や障害者だけでなく，外国人，乳幼児，妊婦といった人々も含まれている点に加え，災害時要援護者は生活に困難を抱えるが適切な支援が得られるのであれば自立した生活を送ることができるとあり，高齢者，障害者，外国人，乳幼児，妊婦といった属性に位置づけられる者すべてがバルネラブル（脆弱）な存在であるわけではないと示している点にある。つまり，災害福祉の定義において，災害時要援護者の支援を強調して取り上げているが，それは災害時要援護者の範疇に含まれる属性に目が向けられているのではなく，彼らの抱える生活課題（ニーズ）に目が向けられていると理解すべきである。

　一方で，グローバル定義においてはソーシャルワークの中核的な概念として「多様性尊重」を取り上げている。従来，社会福祉における支援対象については，福祉六法をはじめとする制度に規定された者を利用者として位置づけ，支援の対象者としてきた。しかし近年においては，制度の狭間の問題が指摘されるなど，制度上の規定に当てはまらない人々も支援の対象とされるようになってきている。ソーシャルワークにおける支援対象の拡大は，従来の支援の枠組みでは捉えることのできない「声なき声」に耳を傾け，潜在的な生活課題（ニーズ）に目を向けてきたことによるものである。また多様性の尊重とは，目の前のクライエントについて，特定の枠組みで捉えるのではなく，彼らを個別の存在として理解し，彼らの語りや世界観に目を向け，それを尊重することを求めるものである。

　災害は，被災地における多くの人々に被害をもたらし，それにより多数の生活課題（ニーズ）が表出することになる。そうした中，マイノリティ（少数派）として位置づけられる人々の声がその中に埋もれてしまい潜在化することは往々にしてある。またマイノリティ（少数派）の人々が抱える生活課題（ニーズ）は，一般的なものとは異なることから，周囲からは理解が得られずに「わがまま」と誤解されるケースも多い。そうした彼らの声に耳を傾け，ソーシャルワーカーは自己の感情や価値基準を脇に置いて，彼らの世界観に立ち，そこから支援を展開していく姿勢が求められている。

　つまり，災害時におけるソーシャルワークの支援対象とは，高齢者や障害者といった属性にあるのではなく，被災者の抱える生活課題（ニーズ）を指すのであり，その視点は潜在化しやすい「声なき声」に向けられ，当事者である彼らと同じ目線に立って支援を展開することが期待されている。

（2）尊厳を守るための支援

　上述したように，災害福祉の定義では，災害時要援護者の生命，生活，尊厳を守ることが支援の目的とされている。ここで最初に災害時要援護者の「生命」が取り上げられているように，災害時において被災者の命を守ることが最優先課題として位置づけられることが多い。しかし一方で，災害時において時折みられる事象として，被災者の命を守ることだけが重要視され，その後の被災者の生活，とりわけ尊厳が十分に守られないケースも散見される。こうした点からもわかるように，災害福祉の定義において，「生命」を守るだけでなく，「生活」および「尊厳」を守ることが強調されていることは大変重要である。

　またグローバル定義においては，ソーシャルワークの中核的な概念として「人権」が位置づけられている。人権とは人々が生まれながらにしてもつ権利を指すが，権利とは人々の叫びや要求における正当性が社会によって認められ，保障されるようになったものを示している。そしてここで保障すべきものとされているものは，人間の尊厳（かけがえのなさ）であり，人権とは尊厳を守るための手段として理解することができる。(8) つまり，ソーシャルワークの支援展開においても人々の「尊厳」を守ることは不可欠な要素であり，いかにしてその

尊厳を守るかが問われている。

　そして再び災害福祉の定義に目を向けてみると，この定義の後半部分においては「災害からの救護・生活支援・生活再建に対し効果的な援助を組織化する公私の援助活動」と記されており，災害福祉における支援とは，生命，生活，尊厳を守るために災害からの「救護」「生活支援」「生活再建」を展開するものであることが言及されている。ソーシャルワークの支援展開において尊厳を守ることは不可欠な要素であることは，すでに触れた通りであるが，そうであるならば災害時におけるソーシャルワークの中で展開される「救護」「生活支援」「生活再建」といったいずれの段階においても，尊厳を守ることを前提として支援が展開されなければならない。

（3）生活モデルに基づく支援

　災害時における事象として，避難所に避難した認知症高齢者や発達障害者といった人々が，集団生活のペースやルールに合わせた避難生活を送ることができなかったり，避難生活における不安やストレスから心身状態が増悪したり，パニックに陥ったりすることで避難所を出ていかなければならないケースがある。そして避難所から出た人々は，被災した自宅に戻らざるを得なかったり，狭い車の中で避難生活を送る車中泊を選択したりする場合がある。こうした在宅避難や車中泊による避難生活については，安全性や快適性といった面で課題があるのはもちろんのことであるが，それ以外にも課題がある。そもそも避難所とは被災者を一時的に滞在させるだけでなく，緊急物資の集積場所や情報が集まる場所，また支援者が集まることで被災者支援が行われる場としての機能をもっている。そのため，避難所を出て，在宅避難や車中泊を選択した場合，避難所に避難した被災者と比べ，物資や情報，支援を得ることのできる機会が失われる可能性がある。

　もうひとつ災害時における事象を取り上げると，鋏状格差と呼ばれるものがある。鋏状格差とは一部の被災者が復興から取り残され，鋏の刃が開いていくように，被災者間の格差が拡大していく現象を表している（図1-1）。たとえば，上述した避難所から出て在宅避難を選択した被災者が，十分な支援が得

図 1 - 1　鋏状格差
出所：NHK（解説委員室）（2021）「震災10年　被災者の健康　左
　　右する"つながり"」(https://www.nhk.or.jp/kaisetsu-blog/
　　100/444754.html　2023年 5 月13日閲覧)。

られずに，そのまま復興から取り残されてしまうケースもこれまでの災害にお
いて確認されている。⁽⁹⁾

　ここで取り上げた前者のケースについては，認知症高齢者や発達障害者と
いった人々が避難所生活に適合できなかった事象であるが，ここで問題となる
のは，避難所における避難生活がマイノリティ（少数派）の存在を考慮したう
えで組み立てられていたかという点である。避難所は地域で暮らす人々が避難
をしてくる場であり，地域とは多様な人々が暮らす場である。避難所における
避難生活がマジョリティ（多数派）として位置づけられる人々だけを前提にし
たものであり，それに合わせることができない者がはじき出され，不利益を被
るのであれば，それはマイノリティ（少数派）を避難所から排除していると
いっても過言ではない。また後者のケースについては，被災者間の格差を表し
ており，これら排除や格差といった問題は，ソーシャルワークが中核的な概念
として「社会正義」を取り上げているのであれば，おのずと災害時における
ソーシャルワークの支援として目を向けなければならない事象となる。

　そしてこれらの事象への対応を図るためのアプローチとしては，こうした事
象について生活モデルに基づいて捉え，「人と環境との接点」に目を向け，彼
らを取り巻く環境に対するアプローチを展開することが求められている。また
その際，ソーシャルワークにおける中核的な概念に「集団的責任」があるよう

に，人々が助け合う互恵的な関係を形成するための働きかけを展開することも重要となる。発災後の混乱した状況の中で生じる排除や格差といった問題を解消するために，彼らの置かれている環境に目を向け，その構造に働きかけていくことが，災害時におけるソーシャルワークの支援に求められている。

4　日常のソーシャルワークと災害時のソーシャルワーク

いまひとつ，災害福祉の定義で注目すべきポイントは，「災害時要援護者の生命，生活，尊厳を守るため，災害時要援護者のニーズをあらかじめ的確に把握」する必要があることを指摘している点である（傍点筆者）。この部分からわかることは，災害時における福祉実践は災害が発生した後の対応のみが求められているのではなく，発災前の日常からの対応と連続で捉える必要があるということである。つまり，ここまで災害時におけるソーシャルワークとは，被災者の「声なき声」に耳を傾け，彼らの尊厳を守りつつ，「救護」「生活支援」「生活再建」といった取り組みを展開する実践であることを確認してきたが，その実践は日常におけるソーシャルワークと連続のものとして理解しなければならない。

そもそも災害における被害とは，地震，津波，豪雨といった自然現象そのものによる脅威によって引き起こされるものとして捉えられるが，災害による被害は，建物の耐震化を行うことや迅速な避難を行うなど，種々の防災・減災活動を行うことで軽減することができる。そしてこのようにみれば，災害による被害は，自然がもたらす外力のみによって生じるのではなく，社会が抱える脆弱性との相乗効果によって引き起こされるものとして解釈することができる。

そしてここで取り上げる脆弱性とは，家屋の耐震性や人々の防災意識の他，医療機関や福祉サービス事業所における防災や減災に関する取り組みの充実性，人々のつながりや信頼関係の有無といったように，日常の様々な要素に内在している。ソーシャルワークとは，人々を取り巻く環境に目を向け，人と環境との接点に介入していく実践であるが，この支援を必要とする人々を取り巻く環境に向けられる眼差しは，災害リスクへとつながる社会が抱える脆弱性にも向

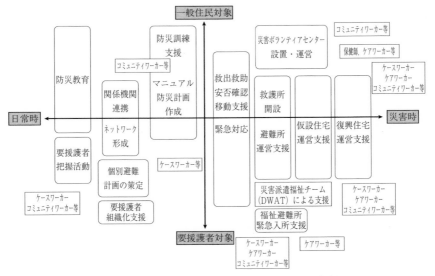

図1-2　災害支援におけるソーシャルワーカーの役割

出所：後藤至功（2015）「災害時におけるソーシャルワークについて考える──いのちと暮らしをささえるソーシャルワーカー」『福祉教育開発センター紀要』12，115～129頁を後藤が改変。

けられるべきである。

　災害時におけるソーシャルワークの役割については，後藤が図１-２のように整理を行っている[11]。この図では，縦軸で災害時におけるソーシャルワークが，災害時要援護者を対象とした支援から一般住民を対象とした支援までを対象として展開されることが示されている。また横軸は時間軸となっており，災害時におけるソーシャルワークが災害時の支援として展開されるだけでなく，災害が起こる以前の日常の段階から災害時を見据えた支援を展開するものとして位置づけられ，日常の支援と災害時の支援とが連続で連なっていることが示されている。

　ソーシャルワークとは人々の暮らしを支える実践であるが，その暮らしとは災害時においても守られなければならないものである。災害大国とも呼ばれるわが国において，その暮らしを支えるうえで，日常と災害時を切り分けて考えることはできない。

注

(1) 西尾祐吾（2010）「災害福祉の概念」西尾祐吾・大塚保信・古川隆司編著『災害福祉とは何か——生活支援体制の構築に向けて』ミネルヴァ書房，2～9頁。

(2) (1)と同じ。

(3) 河北新聞「3県障害者1655人犠牲　手帳所持者死亡率1.5％全住民の2倍」（2012年9月24日朝刊）。

(4) 岡山県「平成30年7月豪雨」災害検証委員会（2019）『平成30年7月豪雨災害検証報告書』。

(5) 日本ソーシャルワーカー連盟（JFSW）「ソーシャルワーク専門職のグローバル定義」（https://jfsw.org/definition/global_definition/　2022年12月3日閲覧）。

(6) グローバル定義の注釈においては，集団的責任について，以下のように記されている。「集団的責任という考えは，一つには，人々がお互い同士，そして環境に対して責任をもつ限りにおいて，はじめて個人の権利が日常レベルで実現されるという現実，もう一つには，共同体の中で互恵的な関係を確立することの重要性を強調する。したがって，ソーシャルワークの主な焦点は，あらゆるレベルにおいて人々の権利を主張すること，および，人々が互いのウェルビーイングに責任をもち，人と人の間，そして人々と環境の間の相互依存を認識し尊重するように促すことにある」。

(7) 災害時要援護者の避難対策に関する検討会（2006）『災害時要援護者の避難支援ガイドライン』。

(8) 中村剛（2018）「尊厳と人権の意味」『社会福祉学』59（1），1～12頁。

(9) 河北新聞「在宅避難者　続く苦境　見えぬ生活再建　石巻市　在宅修繕踏み切れず」（2011年8月13日朝刊）。

(10) Wisner, B., Blaikie, P., Cannon, T. & Davis, I. (2003) *At Risk: Natural Hazards, People's Vulnerability and Disasters, 2nd Ed.*, Routledge.（＝2010，渡辺正幸・石渡幹夫・諏訪義雄ほか訳『防災学原論』築地書館。）

(11) 後藤至功（2015）「災害時におけるソーシャルワークについて考える——いのちと暮らしをささえるソーシャルワーカー」『福祉教育開発センター紀要』12，115～129頁。

第2章

災害支援と社会システム

　大規模自然災害においてソーシャルワーカーがよりよい支援をするためには，防災や減災，災害時の避難行動，避難生活，さらには被災者の復興などにかかわる幅広い法令や制度を理解する必要がある。また，災害発生から刻々と変化する被災者のニーズに応じて，的確で素早い対応を迫られることも少なくない。本章では，ソーシャルワーカーが少なくともその存在を知っておかなければならない法制度を学びつつ，災害発生前から復興までのプロセスにおいて，その時々に求められるソーシャルワーカーの機能について概観したい。

キーワード　災害対策基本法　避難行動要支援者　個別避難計画　災害フェーズ
　エンパワメント　生活再建

1　災害に関連する法および制度

　わが国における災害に関連する法・制度については多数あるが，ここでは主要なものとして，災害対策基本法，災害救助法，被災者生活再建支援法の3つを取り上げてみていきたい。

（1）災害対策基本法の概要

　1959（昭和34）年9月26日に紀伊半島先端に上陸した台風第15号（いわゆる伊勢湾台風）では，過去に例をみない高潮が発生し，死者・行方不明者数は5098名に及んだ。伊勢湾台風による甚大な被害の要因として，防災・災害発生後の

救助・避難情報・減災・復興など，様々な側面における不十分な対策が指摘され，この台風を契機に防災の概念と国の責務を明確にした災害対策基本法（昭和36年法律第223号）が制定された（1961年10月）。災害対策基本法第1条は，その目的を以下のように記している。「この法律は，国土並びに国民の生命，身体及び財産を災害から保護するため，防災に関し，基本理念を定め，国，地方公共団体及びその他の公共機関を通じて必要な体制を確立し，責任の所在を明確にするとともに，防災計画の作成，災害予防，災害応急対策，災害復旧及び防災に関する財政金融措置その他必要な災害対策の基本を定めることにより，総合的かつ計画的な防災行政の整備及び推進を図り，もつて社会の秩序の維持と公共の福祉の確保に資することを目的」としている。つまり，同法の目的は，国および国民の生命財産を災害から守るため，防災・災害時の対策・復旧，復興の対策等についての基本的な方針を定め，それに基づき国や地方公共団体が包括的に災害に関する行政を推進させるというものである。同法は基本理念として，①被害の最小化と迅速な回復，②自助・公助・共助の枠組み，③災害からの教訓をもとにした改善，④生命身体保護の優先，⑤被災者の個別事情に応じた援護，⑥災害からの復興を挙げており，この基本理念を中核として，災害の予防・応急・復旧，復興のプロセスにおいて，必要な措置をとるための各法が制定されている（表2-1）。

　同法第3条には国の，第4条には都道府県の，第5条は市町村の責務を定めると同時に，第7条においては住民等の責務として，企業をはじめとした民間の組織・団体および個々人に求められる役割を明示している。わが国において，自助・共助は公的支援と並行して示されており，公助の前提条件として自助・共助が語られることも少なくない。「自助・共助・公助」の概念が打ち出されたのは，1994（平成6）年「21世紀福祉ビジョン」（高齢社会福祉ビジョン懇談会）の中であり，少子高齢化・ニーズの多様化等を背景に，政府が日本全体をカバーする制度から，各地域がその特性に応じた制度・仕組みを構築するとし，制度の主体を地方自治体に移行し，国はそれをバックアップするといった枠組みに変えていこうとするものであった。その中で，自助・共助・公助については，「個人の自立を基盤とし，国民連帯でこれを支えるという『自立と相互扶

表2-1　主な災害対策関係法律の類型別整理

種別	予防	応急	復旧・復興	
地震津波	・大規模地震対策特別措置法（応急を含む）	・災害救助法 ・消防法 ・警察法 ・自衛隊法	〈全般的な救済援助措置〉 ・激甚災害法 〈被災者への救済援助措置〉 ・中小企業信用保険法 ・天災融資法 ・災害弔慰金の支給等に関する法律 ・雇用保険法 ・被災者生活再建支援法 ・株式会社日本政策金融公庫法 〈災害廃棄物の処理〉 ・廃棄物の処理及び清掃に関する法律 〈災害復旧事業〉 ・農林水産業施設災害復旧事業費国庫補助暫定措置に関する法律 ・公共土木施設災害復旧事業費国庫負担法 ・公立学校施設災害復旧費国庫負担法 ・被災市街地復興特別措置法 ・被災区分所有建物の再建等に関する特別措置法	・大規模災害からの復興に関する法律
地震津波	・津波対策の推進に関する法律（応急・復旧，復興を含む）			
地震津波	・地震財特法			
地震津波	・地震防災対策特別措置法			
地震津波	・南海トラフ地震に係る地震防災対策の推進に関する特別措置法			
地震津波	・首都直下地震対策特別措置法			
地震津波	・日本海溝・千島海溝周辺海溝型地震に係る地震防災対策の推進に関する特別措置法			
地震津波	・建築物の耐震改修の促進に関する法律			
地震津波	・密集市街地における防災街区の整備の促進に関する法律			
地震津波	・津波防災地域づくりに関する法律			
火山	・活動火山対策特別措置法（応急・復旧，復興を含む）			
風水害	・河川法（応急を含む）	・水防法	〈保険共済制度〉 ・地震保険に関する法律 ・農業災害補償法 ・森林保険法 〈災害税制関係〉 ・災害被害者に対する租税の減免，徴収猶予等に関する法律 〈その他〉 ・特定非常災害法 ・防災のための集団移転促進事業に係る国の財政上の特別措置等に関する法律 ・借地借家特別措置法	
地滑り崖崩れ土石流	・砂防法			
地滑り崖崩れ土石流	・森林法			
地滑り崖崩れ土石流	・地すべり等防止法			
地滑り崖崩れ土石流	・急傾斜地の崩壊による災害の防止に関する法律			
地滑り崖崩れ土石流	・土砂災害警戒区域等における土砂災害防止対策の推進に関する法律			
豪雪	・豪雪地帯対策特別措置法			
豪雪	・積雪寒冷特別地域における道路交通の確保に関する特別措置法（応急を含む）			
原子力	・原子力災害対策特別措置法（応急・復旧，復興を含む）			

災害対策基本法の範囲

出所：内閣府（2017）「災害法体系について」（https://www.jma.go.jp/jma/kishou/intro/gyomu/wxad/kensyu/h29/pdf/2-2-2.pdf　2022年12月4日閲覧）をもとに筆者作成。

助』の精神を具体化していくためには，地域社会が持つ福祉機能を拡充，強化していくことが重要であり，地域を基盤とし，個人や家庭，地域組織・非営利団体，企業，国，地方公共団体などが各々の役割を果たす，総合的な保健医療福祉システムを確立していくことが必要である[3]」としており，その意義が示されている。

（2）災害救助法の概要

　もうひとつ，わが国における災害に関連する重要な法・制度としては，災害救助法がある。この法律は，1946（昭和21）年に起きた昭和南海地震をきっかけに，翌年の1947（昭和22）年に施行された法律である。そして第1条において，「この法律は，災害が発生し，又は発生するおそれがある場合において，国が地方公共団体，日本赤十字社その他の団体及び国民の協力の下に，応急的に，必要な救助を行い，災害により被害を受け又は被害を受けるおそれのある者の保護と社会の秩序の保全を図ることを目的とする」と定められている。つまり，災害救助法は，被災者や被災するおそれのある者の生活を守ることや，社会の秩序を守り維持することを目的として行われる発災後の応急救助について定めた法律となっている。

　災害時における救助については，被災者を救出することや，被災者の避難生活を支えるために避難所を開設すること，あるいは食品や飲料水を提供することなどが想定されるが，大規模災害が発生した際，これらの救助を行うことに対して発生する費用負担は被災地である自治体に重くのしかかることになる。

　そうした点を踏まえ，災害救助法では災害時における救助について，原則として都道府県知事が救助を必要とする者に対して行うことが示され（法第2条），都道府県が支出する救助の費用の一部については国庫が負担する旨の規定が定められている（法第21条）。なお，災害救助法が定める救助については，表2－2の通りである（法第4条）。

　また災害救助法とは，すべての災害において活用されるのではなく，適用基準が定められており，これに該当する場合において適用される法律となっている[4]。

表2-2　災害救助法が定める救助の種類

1	避難所及び応急仮設住宅の供与
2	炊き出しその他による食品の給与及び飲料水の供給
3	被服，寝具その他生活必需品の給与又は貸与
4	医療及び助産
5	被災者の救出
6	被災した住宅の応急修理
7	生業に必要な資金，器具又は資料の給与又は貸与
8	学用品の給与
9	埋葬
10	前各号に規定するもののほか，政令で定めるもの

出所：災害救助法をもとに筆者作成。

（3）被災者生活再建支援法の概要

　大規模自然災害においては住民の多くは被災し，地域社会やそれまで住民が依存していたフォーマル・インフォーマルな社会システムが機能不全となっている状況においては，権限と資源を保有する国や地方自治体の援助，つまり公助に期待せざるを得ない。

　被災者生活再建支援法は，1995（平成7）年に発生した阪神・淡路大震災が契機となって1998（平成10）年に成立した法律である。阪神・淡路大震災が発生した当時においては，被災者の生活再建について公的な資金を用いて支援する制度はなく，寄付である義援金による援助が行われた。この義援金については，全国から多額の寄付が寄せられる場合が多いが，同震災は甚大な被害であったため，被災者1人あたりの分配額は少額となり，自助・共助による対応の限界が露呈することになった。

　そうした中で，被災者生活再建支援法が成立し，復興基金から最高100万円（1世帯）の支給を行うこととなった。[5]その後同法は数回改正され，現在では，基礎支援金として最大100万円，加算支援金として200万円まで支給されるようになった。被災者生活再建支援法は，国の指定を受けた被災者生活再建支援法人（財団法人都道府県会館）が，都道府県が拠出した基金を活用し支援金を支給するといったもので，基金が支給する支援金の2分の1に相当する額を国が補助するといったものである。東日本大震災においては，国の補助率は50％から

図 2 − 1　災害に関連する法・制度の位置づけ

出所：内閣府「災害救助法の概要（令和 2 年度）」（https://www.bousai.go.jp/taisaku/hisaisya
gyousei/pdf/siryo1-1.pdf　2023年 5 月10日閲覧）より一部筆者改変。

80％になり，都道府県の負担分（20％）においても特別交付税で補塡するとの
措置がとられた。国が都道府県を介して基金に資金投入するというスキームで
あるが，実質的には国による個人補償制度の性格を有しているものともいえよ
う。

（4）災害に関連する法および制度の位置づけ

　ここまで，災害対策基本法，災害救助法，被災者生活再建支援法の 3 つの制
度について取り上げてきたが，それぞれの位置づけを整理すると図 2 − 1 のよ
うに示すことができる。

　この図では，災害発災前後について，災害による被害の発生を未然に防止し，
あるいは軽減する「災害予防」，発災後の被災者の救助等を目的とした「応急
救助」，そしてその後の被災者の生活再建等を目指す「復旧・復興」の 3 つに
区切られているが，災害対策基本法はこれらすべてにまたがって位置づけられ
ている。また災害救助法については「応急救助」の段階，被災者生活再建支援
法は「復旧・復興」の段階に位置づけられている。

2　災害を想定した平時の備え

　大規模自然災害において，その災禍は住民に等しくもたらされると思われが
ちであるが，内閣府の資料によれば「近年の災害においても高齢者や障害者が
犠牲となっており，災害における全体の死者のうち65歳以上の高齢者の割合は，
令和元年台風第19号では約65％，令和 2 年 7 月豪雨では約79％であった」とあ

るように，高齢者や障害者などは災害発生時に生命を失うリスクがより高いということを社会全体が共有する必要がある。

　ここでは，避難行動要支援者名簿および個別避難計画の2つを取り上げ，災害を想定した平時の備えについて考えていきたい。

（1）避難行動要支援者名簿と個別避難計画の概要

　災害対策基本法においては，「災害が発生し，又は災害が発生するおそれがある場合に自ら避難することが困難な者であつて，その円滑かつ迅速な避難の確保を図るため特に支援を要するもの」を避難行動要支援者と位置づけている（第49条の10）。この避難行動要支援者については，身体機能上の問題により移動支援を必要とする者だけでなく，障害等により避難情報を入手することが困難な者や精神的に著しく不安定な状態にあり避難行動をとることができない者なども含まれる。

　また同法では，市町村に対して避難行動要支援者の把握に努めるとともに，避難行動要支援者に対する避難の支援や安否の確認，その他の災害から生命または身体を護るための必要な措置を実施するための基礎となる「避難行動要支援者名簿」を策定することを義務づけている（第49条の10）。そしてさらに，避難支援等を実施するための計画である「個別避難計画」作成の努力義務を課している（第49条の14）。

　このように，避難行動要支援者名簿の作成については，災害対策基本法により，市町村に義務づけられているが，名簿を作成する対象者の範囲については各自治体の状況や予測される災害も異なることから，各自治体で設定することとされており，自治体の考え方によってその範囲は左右されることになる。一つの例として挙げるならば，内閣府が発表した「避難行動要支援者の避難行動支援に関する取組指針」[8]では，「自ら避難することが困難な者についてのA市の例」として以下の内容を示している。

　　生活の基盤が自宅にある方のうち，以下の要件に該当する方
　①　要介護認定3〜5を受けている者

②　身体障害者手帳1・2級（総合等級）の第1種を所持する身体障害者
（心臓，じん臓機能障害のみで該当するものは除く）

③　療育手帳Aを所持する知的障害者

④　精神障害者保健福祉手帳1・2級を所持する者で単身世帯の者

⑤　市の生活支援を受けている難病患者

⑥　上記以外で自治会が支援の必要を認めた者

（2）避難行動要支援者名簿の作成と名簿情報の共有

　避難行動要支援者名簿（以下，名簿とする）の作成に際しては，常に「個人情報の保護」との兼ね合いが課題となる。名簿に登載する情報は，市町村が他の業務で収集したもので，当該情報を「目的外使用」することになる。目的外使用は災害対策基本法により法的には可能とはなっているものの，それはいわゆるセンシティブ情報であることから，慎重な取り扱いが求められることは当然である。

　また要援護者を名簿に登載できたとしても，「名簿を誰に配布するのか」「配布された名簿の効果的な活用方法は何か」といった課題も残る。田中は，「名簿情報を活用して安否確認や救助活動，避難後の生活再建支援等を実施することが目的であり，それを達成するためには平常時から災害の発生に備えて名簿情報を避難支援等関係者と共有し連携する必要がある」と述べているものの，同時にいわゆるセンシティブ情報を他者に知られることに対する当事者の抵抗や受け取る側の躊躇もあり，必ずしも名簿の共有が十分にできているとはいえない状況であろう。

　災害対策基本法においては，避難支援等の実施に必要な限度で，消防機関，都道府県警察，民生委員，市町村社会福祉協議会，自主防災組織その他の避難支援等の実施に携わる関係者（避難支援等関係者）に対し，名簿情報を提供するものとすると規定されている（第49条の11）。大規模自然災害が発生した場合，消防や警察組織は要救助者の対応が中心となり，救助活動の中で名簿を活用することはあっても，避難行動の支援を行うことは実質的に困難である。したがって，避難支援等関係者で中核となるのは，公的機関以外の民間機関や市民

であり，そうした人々が支援者として共助システムを機能させなければならないことになる。

　地域で高齢者・障害者の状況を把握し，支援の中心となり得るのは民生委員であるが，昨今，「高齢化のほか，働くシニア層の増加や専業主婦の減少を背景(11)」に民生委員の担い手不足が深刻化している。さらには，特に都市部において近隣住民同士のつながりが希薄となり，それまでインフォーマルな共助システムであった自治会なども存続が危ぶまれる状態となっている地域も少なくない。このような状況においては，社会福祉協議会などの CSW（コミュニティ・ソーシャルワーカー）などが，メゾ・マクロの視点で自主防災組織や防災コミュニティの構築などの取り組みを行うことが肝要である。

　神戸市においては，防災福祉コミュニティが活動していくために運営活動費・提案型活動費（地域の状況に応じた提案型の活動を実施するための経費）・防災機材整備費などの助成や市民防災リーダーの養成など(12)，市民が主体的に防災活動に従事するための支援をしているが，このような市民活動にインセンティブを与える自治体のサービスも重要となるであろう。

　名簿共有のもうひとつのハードルは，名簿提供に対する要支援者の同意である。災害対策基本法においては，条例に特別の定めがない場合，避難支援等関係者に平常時から名簿情報を外部提供するためには，避難行動要支援者の同意を得ることが必要とされている（第49条の11第2項）。またこれに対して，内閣府による指針では「担当部局が避難行動要支援者本人に郵送や個別訪問など，直接的に働きかけを行い，名簿情報の外部提供への同意を得ることに取り組むことが必要である(13)」と示されている。避難行動要支援者への避難支援を実施するうえで，平常時から名簿情報を避難支援等関係者と共有し，災害時に備えることは重要であり，それを実現するために避難行動要支援者から同意を得るための丁寧な働きかけを行うことが期待されることは当然である。しかし一方で，人口規模の大きい自治体においては，行政が自ら同意をとることなどはおよそ困難なことである。「不同意でなければ同意したこととみなす」とする条例を制定することも可能であるが，それに対しては批判的な意見も少なからず存在する。本人の同意については，介護保険，障害者福祉サービスの受給者には，

要介護認定や障害支援区分の認定（再認定）手続きの際に同意の有無も確認するなど，既存のシステムを利用しながら効率的に行う方法なども考えなければならない。

（3）個別避難計画策定のプロセス

　名簿を避難支援等関係者が共有できたとしても，それを実際の場面で活用し，要支援者の命を守る実践に結びつけるためには「個別避難計画」が重要となる。個別避難計画については，上述したように災害対策基本法では，市町村に対して個別避難計画を作成するための努力義務が定められており，これに基づき，各自治体において要支援者本人の同意を得たうえで，「避難支援等を実施する者・避難先・避難時に配慮しなくてはならない事項・自宅で想定されるハザードの状況，常備薬の有無・避難支援時の留意事項」[14]などが記載された計画の策定が進められているところである。

　個別避難計画の策定手順については，以下の通りである[15]。

　ステップ１：庁内外における推進体制の整備，個別避難計画の作成・活用方
　　　　針の検討
　ステップ２：計画作成の優先度に基づき対象地区・対象者を選定
　ステップ３：福祉や医療関係者等に個別避難計画の意義や事例を説明
　ステップ４：避難支援者となる自主防災組織や地区住民に個別避難計画の意
　　　　義や事例を説明
　ステップ５：市町村における本人の基礎情報の収集，関係者との事前調整等
　ステップ６：市町村，本人・家族，福祉や医療関係者等による個別避難計画
　　　　の作成
　ステップ７：作成したら終わりではなく実効性を確保する取組を実施

　個別避難計画策定にあたっては，主体となる自治体だけではなく，社会福祉協議会・社会福祉士会・各種団体・地域の福祉関係者との協働関係が不可欠であり，さらには，要支援者本人・その家族・避難支援等関係者をも巻き込んだ

広域的なネットワークが必要不可欠であり，ミクロ・メゾ・マクロの領域を横断したソーシャルワーク機能が発揮される場面といえよう。

3　災害発生後の福祉支援のフェーズ

　大規模自然災害被災地の様相や被災者のニーズは，発生時から時間とともに変化し，それに呼応してソーシャルワーカーのミッションも変化せざるを得ないことを考えれば，災害発生時からの経過（災害フェーズ）を理解することは極めて重要である。ここでは，発生前の防災～発災～復興のプロセスを追いながら，災害フェーズとソーシャルワークについて概観してみたい。

　図2-2は，「福祉支援」のフェーズを筆者がまとめたものであり，フェーズ0：危機回避期（発災～12時間）・フェーズ1：緊急避難期（72時間まで）・フェーズ2～4：脱緊急避難期（避難生活期）（72時間～3月程度まで）・フェーズ5：生活再建期（3月程度～数年程度まで）・フェーズ6：復興期（数年程度以降）に分けている。

（1）フェーズ0：危機回避期（発災～12時間）

　公的な機関や組織による災害支援の仕組みがどれほど整ったとしても，そのような支援が災害発生直後に被災者に届くとは限らず，被災地においてはすべての人が自らあるいは周囲にいる人々と協力して命を守る行動をとることになる。一般財団法人関西情報センターが発行するチラシ「災害が起きたら，あなたはどうしますか？[16]」の中では，自助としては，一人ひとりが災害をイメージしての安全対策や非常食や物品の備蓄など，共助としては，近所付き合いや防災訓練などの重要性を指摘している。介護が必要な高齢者，障害者，幼児など，自らが自らの安全を確保することができない人々に対して，どのように社会システムが機能するかも課題となる。そうした意味で前述した個別避難計画が，実効性のあるものかどうかが試されることになろう。

フェーズ	フェーズ0	フェーズ1	フェーズ2	フェーズ3	フェーズ4	フェーズ5	フェーズ6
時間的経過	発災〜12時間	72時間まで	1週間程度まで	1週間程度〜1月程度	1月程度〜3月程度まで	3月程度〜数年程度まで	数年程度以降
被災者の状況	・自己および他者の生命、身体の保全 ・緊急避難	・家族等の安否を確認 ・被災程度に応じた緊急対応 ・当面の暮らしの確保 ・家屋等財産の保全 ・職務への復帰	・中期的に居住可能な避難場所の確保 ・被災（個人）の全体的把握	・モラトリアム ・復旧、復興への模索	・復旧、復興プランの明確化	・新たな暮らしの模索	・新たな暮らしの構築
医療支援 フェーズ	発災直後	超急性期	急性期	亜急性期	慢性期	中長期	
医療支援 ニーズ	慢性疾患治療・健康管理等公衆衛生的アプローチ ／ 人工透析、人工呼吸等在宅患者等へのアプローチ		慢性疾患治療・健康管理等公衆衛生的アプローチ	慢性疾患治療・健康管理等公衆衛生的アプローチ			
福祉支援 フェーズ	危機回避期	緊急避難期	脱緊急避難期	ボランティアアウトリーチ etc（避難生活期）	生活再建期		復興期
福祉支援 ニーズ	危機回避支援・状況への介入・安否確認・ハイリスク要援護者へのピンポイントの発見etc		要援護者の発見・避難所、避難者支援・在宅避難者支援・福祉サービスの復旧支援	復旧、復興支援・コミュニティ再生支援etc／被災地外福祉サービスの利用・他機関が連携した支援の構築と実施etc			

図2-2 災害支援のフェーズ

出所：遠藤洋二（2018）「大規模自然災害発生直後のソーシャルワーク支援に関する一考察──災害ソーシャルワークとこども支援の視点も踏まえて」『学校ソーシャルワーク研究』13、7〜19頁を一部改変。

（2）フェーズ1：緊急避難期（72時間まで）

　大規模自然災害時に「72時間の壁」といわれるのは，「災害発生から，24時間では被災者の生存率は約90％，48時間では約50％，72時間では20〜30％となり，それを過ぎると重傷を負った被災者の99％が助からないとも言われており，生存率は急激に低下する[17]」からである。警察，消防，自衛隊など，普段から緊急事態に対応する備えがあり，またその訓練を十分に積んである組織であれば，災害発生直後から活動することは可能であるが，そのような組織であったとしても被災地に出向き救援活動を実施するまでには一定の時間が必要であり，それまでは自助，共助システムが人々の命を守るためのフォーマル・インフォーマルな機能を発揮しなければならない。災害発生直後の支援活動について，「震災直後は救急救命が最優先され，生活支援を主体とするソーシャルワークは，被災者の生命身体の安全確保がされてからその機能を発揮する[18]」という向きもあるが，一方で，先の東日本大震災においては，「地域包括支援センターのソーシャルワーカーは，担当していた高齢者の安否確認をしながら瓦礫が散乱する地域を廻り，援助の必要な被災者を発見しようとしていた[19]」とあるように，被災地のソーシャルワーカー等はそれまでの知識と経験を生かしながら，災害直後から支援活動を実施していた。東日本大震災においては，阪神・淡路大震災時には存在しなかった介護保険の仕組みが高齢者の安否確認に大きな役割を果たした。地域包括支援センターや居宅介護事業者が実施した安否確認の取り組みが，ハイリスクな高齢者の存在を浮かび上がらせ，命を守る取り組みにつなげることができた例は少なからずあった。

　危機回避期を乗り越え，少なくとも生命の安全を確保した被災者にとっても，自宅であれ，避難所であれ当面の生活を維持する環境を見出すことは簡単なことではない。ましてや，介護が必要な高齢者や障害者にとっては，生活環境は直ちに命にかかわる問題である。「東日本大震災では，犠牲者の過半数を高齢者が占め，また，障害者の犠牲者の割合についても，被災住民全体のそれと比較して2倍程度に上ったといわれている[20]」にもかかわらず，これまで福祉避難所が十分に機能していたとはいえない状況であった。従来は，移動に困難を伴う要支援者は，まずは一般の避難所に行き，そこでスクリーニングされ福祉避

表 2-3 過去の災害による死者・行方不明者の状況

災害の名称	直接死 ※1	行方不明	関連死 ※2	合　計	関連死の 割合※3	備　考
阪神・淡路大震災	5,483	—	919	6,402	14.4%	2005年3月時点
東日本大震災	15,900	2,523	3,789	22,212	17.1%	2022年3月時点
熊本地震	50	—	222	272	81.6%	2019年10月時点

注：※1　地震や津波などにより，家屋の倒壊，火災，溺死など災害を直接的な原因とする死亡。
　　※2　当該災害による負傷の悪化又は避難生活等における身体的負担による疾病により死亡し，
　　　　災害弔慰金の支給等に関する法律に基づき災害が原因で死亡したものと認められたもの
　　　　（復興庁）。
　　※3　関連死／合計。
出所：兵庫県（2005）「阪神・淡路大震災の死者にかかる調査について」（https://web.pref.hyogo.
　　　lg.jp/kk42/pa20_000000016.html），産経新聞「東日本大震災から11年　死者，行方不明，関連
　　　死は約2万2千人」（2022年3月10日）（https://www.sankei.com/article/20220310-WUJ47
　　　FN2ORO3HNHHYSKZP35CCU/），復興庁（2022）「東日本大震災における震災関連死の死者
　　　数」（https://www.reconstruction.go.jp/topics/main-cat2/sub-cat2-6/20220630_kanrenshi.pdf），
　　　熊本県（2019）「平成28（2016）年熊本地震等に係る被害状況について【第296報】」（https://
　　　www.pref.kumamoto.jp/uploaded/attachment/113398.pdf）を参考に筆者作成。いずれも2023
　　　年1月13日閲覧。

難所に移動するといった不合理な取り扱いがなされていたが，2021（令和3）年に「福祉避難所の確保・運営ガイドライン」が改訂され，「指定福祉避難所の指定及びその受入対象者の公示」「指定福祉避難所への直接の避難の促進」などが明示された[21]。この改定により一歩前進したといえるが，市町村が事前の受け入れ対象者の調整（これには要支援者名簿・個別避難計画が必要となる）を行い，体制の整備も同時に行う必要があり，実効性については不透明である。神戸市においては，福祉避難所に加え，市の要請や一定の要件に基づき，あらかじめ指定された特別養護老人ホームを「基幹福祉避難所」として要支援者を受け入れるなどの対策を講じている[22]。地域によって想定される災害の種別や規模には大きな差がある以上，それぞれの自治体で地域の実情に合わせた対策が必要となろう。

（3）フェーズ2〜4：脱緊急避難期（避難生活期）（72時間〜3月程度まで）
　阪神・淡路大震災および東日本大震災で15％程度，熊本地震では約82％が，全体の死者数（行方不明者数を含む）における関連死の割合である（表2-3）。

東日本大震災の関連死（2024年3月31日時点）において，「原発事故により避難指示が出された市町村における関連死では，死亡時年齢別は，80歳台が約4割。70歳以上で約9割，死亡時期別は，発災から1か月以内で約5割，3か月以内で約8割」[23]となっている。このことは発災から3か月までの高齢者に関連死のリスクが集中しているといえ，それは，被災者が避難所等での避難生活を余儀なくされている時期とも重なる。特に日常生活に支援が必要な人々にとっては，直接死を免れたとしても生命危機が去ったわけではない。大規模自然災害時には，レスキューや自衛隊の災害援助部隊は，それこそ自らの命をかけて危険な災害現場に入り，いわばハードな人命救助活動を行う。一方で，ソーシャルワーカーは，医療関係者のようにまさに命が失われようとしている被災者の救命活動をすることはできないし，レスキューや自衛隊のようにハードな救助活動もすることはない。しかしながら，徐々に危険にさらされる人々をソフトに救命する，いわば「静かに守る」ことはソーシャルワーカーだからこそできる活動といえるのではないだろうか。そのような意味において，ソーシャルワーカーの大きなミッションのひとつは関連死の最小化であるともいえよう。

　このフェーズにおけるソーシャルワーカーの役割は多岐にわたるが，いくつかの視点について言及してみたい。

　まずは，避難所における福祉支援である。東日本大震災では，災害発生直後の避難所において，一時期に多数の被災者が避難し混乱状態にあったが，地域包括支援センターのソーシャルワーカーが介入し，自治会や協同組合の中心メンバーと協力して，避難者の把握と組織化，集落別の居場所作りなど，被災者の力を借りながら支援していった。被災地の中でも外部からのアクセスが良い避難所では，数多くのボランティアが集結し，避難所運営にかかわるほぼすべての作業を行った結果，特に高齢者は体を動かすこともなくなり，震災前は自立していたADLが低下し，避難所生活の中で要介護状態に移行していった例もあった。大規模自然災害においてボランティアの存在は必要不可欠であるが，場合によっては過剰サービスとなり，被災者の自立を阻害しかねないことから，避難所の運営に際しては，「エンパワメントの視点」を忘れてはならない。

　医療分野における DMAT（災害派遣医療チーム）の存在は，昨今，一般的に

知られるようになってきた。東日本大震災以降，福祉分野においても DWAT（災害派遣福祉チーム）が各地で立ち上がった。大阪府では，DWAT を「災害時における，長期避難者の生活機能の低下や要介護度の重度化など二次被害防止のため，一般避難所で災害時要配慮者（高齢者や障がい者，子ども等）に対する福祉支援を行う民間の社会福祉施設等で働く福祉専門職で構成するチーム[24]」と定義し，京都府では DWAT の活動内容を以下のように整理している[25]。

① 避難者の日常生活の課題整理，避難所環境の整備
② 要配慮者のニーズ把握のための聞き取り（アセスメント）
③ 関係機関への受入，相談などのコーディネート
④ 要配慮者からの相談対応及び応急的な介護等の支援
⑤ 市町村，医療救護班，保健活動班などと連携した要配慮者の支援　など

東日本大震災では，日本社会福祉士会がチームで被災地に入り，ローラー作戦で被災者のニーズ調査を行ったことにもみられるように，外部の福祉専門職が一定の役割を担ってきた。このような活動は目の前の要支援者の対応に追われた被災地の支援者ができないアウトリーチといえ，職能団体として重要な役割を担った。そこで考慮しなければならないことは，外部の支援者はあくまでも，被災地の支援者をバックアップする立場であるということである。災害によって既存のシステムが機能不全に陥った状態から，一定の回復をみるまでの間のモラトリアム（猶予期間）を確保する役割であることを外部支援者は十分に理解する必要があるであろう。

（4）フェーズ5：生活再建期（3月程度～数年程度まで）
　被災者の中でも力のある人々は生活再建が進み，避難所を出て新たな生活拠点での暮らしが始まる時期である。一方で，要支援者を中心として，生活再建の目途がまったく立たない被災者が顕在化し，被災者の中でも格差が目立つ時期であるともいえる。ソーシャルワーカーは生活再建が困難な要支援者のニーズを発見すると同時に，当該ニーズ（課題）の解消，緩和を目指すとともに，

ミクロレベルで介入するのと並行して，潜在化したニーズを顕在化あるいは集約して，マクロレベルの課題として「見える化」することも求められる。

　また，大規模自然災害時には，「災害ユートピア」が出現するが，やがてそれは消滅し，被災地内部で人と人，人とシステム，システムとシステムの間に深刻な軋轢（葛藤）が生じる。このような葛藤に介入して，被災者が社会システムの中で再機能できるよう援助することもソーシャルワーカーの重要な役割である。

（5）フェーズ6：復興期（数年程度以降）

　復興期は被災者の状況によってはその期間に大きな差があり，たとえば，阪神・淡路大震災から20年以上が経過しようとした時期には，借上復興住宅からの退去問題が生じている。多くの被災者が災害前と同様ではないものの，日常生活を取り戻した時期においても，そこから取り残された人々が存在することを忘れてはならない。復興期におけるソーシャルワーカーの役割は平常時のものと大きくは変わらないものの，忘れ去られていく傾向にある被災者の状況の発信，声を上げにくい被災者のアドボカシーの視点など，ソーシャルワーカーの価値である「人権の尊重」と「社会正義」が行われているかどうかを検証し続けなければならない。また，一人ひとりの被災者を支援することにとどまらず，コミュニティの再生や政策立案に関与するなど，ミクロからマクロレベルの介入も視野に入れなければならない。

注
(1)　わが国の防災対策については，政府の防災対策に関する基本的な計画である防災基本計画が定められ（災害対策基本法第34条第1項），これに基づき，地域における防災の総合的な計画である地域防災計画がすべての都道府県（同法第40条）と市町村（同法第42条）で作成されている。2013年の災害対策基本法の改正においては，新たに地区防災計画を定めることができる旨の規定が定められた（同法第42条第3項）。地区防災計画とは，地域住民および事業者による自発的な防災活動計画であり，地域コミュニティにおける共助による防災活動の推進を目的としている。
(2)　災害対策基本法では，市町村が発令する避難情報に関する規定についても示されている。避難情報とは，災害が発生し，または発生するおそれがあるとき，その危

険から生命や身体を守るために市町村が発令する，避難を促すための情報である。
2021年5月に災害対策基本法が改正され，避難情報については，以下のように見直
されることとなった。警戒レベル3に該当する「避難準備・高齢者等避難開始」が
「高齢者等避難」に変更（災害対策基本法第56条第2項），警戒レベル4に該当する
「避難勧告と避難指示」を「避難指示」に一本化（災害対策基本法第60条第1項），
警戒レベル5に該当する「災害発生情報」を「緊急安全確保」に変更（災害対策基
本法第60条第3項）。

(3) 高齢社会福祉ビジョン懇談会（1994）「21世紀福祉ビジョン——少子・高齢社会
に向けて」『賃金と社会保障』1131，37～59頁。

(4) 災害救助法における適用基準については，災害救助法施行令第1条第1項から第
4項に定められている。

(5) 田近栄治・宮崎毅（2013）「震災における被災者生活再建支援のあり方」『季刊・
社会保障研究』49（3），270～282頁。

(6) (5)と同じ。

(7) 内閣府政策統括官付参事官（2022）「高齢者・障害者等の要配慮者に関する防災
と福祉の連携について（令和4年度全国介護保険・高齢者保健福祉担当課長会議）」
（https://www.mhlw.go.jp/content/12300000/001075647.pdf　2022年12月26日閲覧）。

(8) 内閣府（2021）「避難行動要支援者の避難行動支援に関する取組指針（2021年改
訂）」。

(9) 人の信条や社会的身分，病歴など，漏洩した場合に本人に重大な不利益を及ぼす
可能性のある情報等。

(10) 田中勇輝（2020）「避難行動要支援者名簿制度の課題と活用」『学生法政論集』14，
33～50頁。

(11) 産経新聞（2013）「民生委員の欠員　戦後最多か　高齢化などで担い手不足」
（2023年1月13日）（https://www.sankei.com/article/20230113-PXXZQEJV25M5P
E5Q7VSQATE7RA/　2023年4月10日閲覧）。

(12) 神戸市「防災福祉コミュニティの概要」（https://www.city.kobe.lg.jp/a10878/
bosai/shobo/bokomi/about.html　2023年1月13日閲覧）。

(13) (8)と同じ。

(14) 岡山県（2022）「これまでの部会の振り返りと来年度の取組について」（https://
www.pref.okayama.jp/uploaded/attachment/309754.pdf　2023年1月13日閲覧）。

(15) (8)と同じ。

(16) 一般財団法人関西情報センター「災害が起きたら，あなたはどうしますか？」
（https://www.bousai.go.jp/kyoiku/chikubousai/pdf/160818.pdf　2023年1月13日閲
覧）。

(17) 飯開輝久雄・岩田建一・上田敏雄（2012）「大震災発生後の生死を分ける『黄金

の72時間』とコミュニティ──ご近所づきあいが街（いのち）を救う」『熊本大学
政策研究』3，81〜92頁。

⒅　日本地域福祉研究所編（2012）「牧里毎治発言録──"大震災に学び，復興支援
を考える集い"シンポジウム」『コミュニティーソーシャルワーク』9，40〜57頁。

⒆　遠藤洋二（2013）「被災者の生活再建に寄り添うソーシャルワーク実践に関する
一考察──学生と共に考える『災害ソーシャルワーク』」『人間福祉学研究』6，
19〜31頁。

⒇　内閣府（2016）「福祉避難所の確保・運営ガイドライン」（https://www.bousai.
go.jp/taisaku/hinanjo/pdf/1604hinanjo_hukushi_guideline.pdf　2023年1月13日閲
覧）。

㉑　内閣府（2021）「福祉避難所の確保・運営ガイドライン主な改定のポイント（令
和3年5月）」。

㉒　神戸市（2020）「災害時における要援護者支援方針」（https://www.city.kobe.lg.
jp/a38463/shise.html　2023年1月13日閲覧）。

㉓　復興庁（2012）「東日本大震災における震災関連死に関する報告」（https://
www.reconstruction.go.jp/topics/240821_higashinihondaishinsainiokerushinsaikan
renshinikansuruhoukoku.pdf　2023年1月13日閲覧）。

㉔　大阪府「大阪府災害派遣福祉チーム（大阪DWAT）の設置について」（https://
www.pref.osaka.lg.jp/chiikifukushi/ddwatto/index.html　2023年2月1日閲覧）。

㉕　京都府「京都府災害派遣福祉チーム」（https://www.pref.kyoto.jp/fukushi-hinan/
kyotodwat.html　2023年2月1日閲覧）。

㉖　「多数の犠牲者を出し，一部地域に集中した悲劇を目の当たりにした社会では，
人々の善意が呼び覚まされ，一種の精神的高揚となって理想郷が出現する」。林敏
彦（2013）「災害ユートピアが消えた後」『学術の動向』13（10），64〜67頁。

第 5 章

災害時における心理的支援

　本章では，特に大規模な自然災害を念頭に置き，災害がもたらす心理的影響の様態について発災からの時間経過に沿って概観したうえで，被災者に生じやすい精神疾患（急性ストレス障害や心的外傷後ストレス障害など）や被災者の心理の特徴について触れ，それを踏まえた心理的支援のあり方について説明する。さらに，被災者に対してよりよい心理的支援が行えるためには，特に支援者が自身のあり方について省みることが重要であることについて論じる。

　災害は，人々の日常の営みを瞬時に破壊し，その生命を危険にさらすため，精神的にも甚大な影響をもたらし得る。本章では，そのような災害に遭遇した人間の心理状態や，被災者に対する支援について述べる。なお，ここでは主に大規模な自然災害を中心に扱うが，この内容は交通災害や労働災害等の他の災害の被災者への支援の際にも参考となるものである。

キーワード　災害　被災者の心理　精神疾患　心理支援　グリーフケア

1　災害に伴う心理的影響

　普段から各地で様々な防災の取り組みが地道に行われているとはいえ，想定外の事態はいつ起こるかわからない。そのような突発的な災害が大規模かつ圧倒的であるほど，人間は自らの存在の脆弱性を突きつけられ，無力感に打ちひしがれる。また，広汎な災害により，個々人の住居のみならず，電気・ガス・水道・道路・鉄道・港湾などのインフラ，農地，職場，地域共同社会などにも

大きな人的・物的な損壊が生じ，それが大規模であるほどその爪痕も長期化する。

　被災地の状況や被災者の心理，そして必要な支援は，災害発生以降の時間経過の中で徐々に移り変わっていくため，まずは発災直後から順を追ってその様相をみていきたい。

（1）発災直後

　災害発生により住居や家族・近隣の住人などを含めた大規模な物的・人的被害が発生する。ライフラインなどの破壊によって物流やエネルギー供給の停滞や途絶が生じ，自宅で暮らすことが困難な場合には避難所などでの生活を余儀なくされる。また，家族・親類・知人の安否も不明であったりするなど，発災直後の時期には災害の衝撃のあまりの大きさを前にして茫然自失の状態に陥りやすい。

　災害は人力では到底対応しきれない圧倒的な事態であるため，情動面では恐怖の感情が支配的となる。その結果，高度の覚醒状態（過覚醒）が生じたり，災害の鮮明な感覚印象が心の中に強く刻印されて何度も反復的に体験されたりすること（フラッシュバック）もある。一方，圧倒的な衝撃によって引き起こされる恐怖や怒りなどの否定的な情動に直面することすら手に余る場合には，無意識のうちに情動が切り離されて当人の体験の中から現実感が失われること（隔離，離人感）や，感情がそれと結びついた記憶ごと切り離されること（解離）も生じ得る。危険を脱して一安心を得た後も，上述の過覚醒，フラッシュバック，離人感などは持続や再燃が認められることがある。

　災害で家族や知人などの大切な存在を亡くした場合，喪失にまつわる悲嘆（grief）が生じる。悲嘆自体は正常な反応ではあるものの，一般に喪失体験は抑うつ気分をもたらしやすい。また，「死者に取り残された」ことへの怒りが生じる場合もあれば，死者に対してその生前から両価性（愛憎などの相反する複雑な感情）を抱いていた場合にはその対象者に対する自身の怒りが対象者の死にかかわりがあったかのように感じられ，罪責感に嘖まれることもある。あるいは，自分だけ生き残ってしまったことに対する罪責感（survivors' guilt）が

生じたり，周囲に多くの死や喪失があるために自身や家族の生存を喜ぶことに気が引けると感じられたりもする。災害で職場が失われた場合には，災害の衝撃に加えて失業という二重の外傷体験が生じ得る。このように，災害による破壊は様々な複雑な心理的反応を惹起する。

この時期には，まず日常の暮らしの回復に向けた生活支援が求められる。瓦礫の撤去や物資運搬のためには多くの人手が必要となる。また，負傷者に対する救急医療のニーズが高まり，災害救急医療のための災害派遣医療チーム（DMAT：Disaster Medical Assistance Team）が全国から被災地に派遣され，その任に当たる。負傷者に対する外科的処置の必要性は言うに及ばず，糖尿病や腎不全などの継続的な医療が必要な患者のための薬品の供給や透析の実施も生命維持を図るうえで待ったなしである。また，避難所での生活は強いストレスにより不眠などを生じやすいため，精神面の応急処置も重要である。

（2）発災後初期

発災後1か月頃までには，全国からの注目や人的・物的支援が届くようになる。この時期には，被災者の間では共通被災体験による相互連帯感が強まり，「一緒に頑張ろう」などのフレーズのもとで愛他的（他者優先的）あるいは相互扶助的な関係性が支配的となった「災害ハネムーン」「災害ユートピア」などと呼ばれる状況が生じる。このような被災地の人々の団結・協力は，特に被災地の外から観察する限りでは一見好ましく，また頼もしい現象であるように映るかもしれないが，それは昂揚感の裏で喪失が否認され，精神分析でいうところの躁的防衛が集団的に生じているような過剰適応状態である。共通被災体験による相互連帯感の実態は，個々人の差異が覆い隠され，「被災者である」という状況の同一性・類似性に基づいた幻想的な同一視が支配する原始的水準への退行であり，決して健全なあり方ではない。実際，この状況は仮初めの不安定なものであり，そう長くは続かない。

一方，この時期には，被災地の地域保健システムは被災者への対応のためフル稼働状態になるが，そのマンパワーは有限であり，過剰な業務負荷による疲弊の危険性が増大する。そのため，地域保健システムの機能維持に向けた支援

（支援者支援）が，被災者への直接的な支援に優るとも劣らず重要である。具体的には，被災者への基本的な対応に関する助言という形での，被災者への間接的支援が中心となる。

（3）発災後中期

　発災後3か月頃になると混乱が収束しはじめるが，それにつれて再建・復興への道程の途方もない険しさや，個人や社会のライフスタイルの激変という厳しい現実を改めて突きつけられ，それまで否認されてきた喪失感や無力感の大きさが改めて浮き彫りとなる。昂揚感は幻滅に転じ，絶望・恐怖・悲哀・怒りなどの陰性感情がクローズアップされ，「災害ハネムーン」から一転して被災者間の諍いが目立つようになり，人々の感情においても積極性が減退して消極的・抑うつ的な方向への変化が生じやすくなる。

　また，被災者一人ひとりの被災状況，年齢，能力，もてる社会資源などは千差万別であるため，この頃から被災者間の格差が徐々に目立ちはじめる。すなわち，比較的立ち直りが早い人もいれば，なかなか立ち直れずに人生の停滞が遷延する人もいる。そのような格差は，最初は小さいものではあっても時間の経過とともに徐々に拡大していくため，支点からの距離が遠くなるほど2枚の刃の間隔が開いていく鋏の形に擬えて「鋏状格差」などと形容される。

　なお，この時期には，消防・救急，医療，行政などの被災者支援に携わる人々が，過労傾向が長期間持続することによる無理が祟って疲弊状態に陥りやすくなるため，支援者に対する支援も引き続き非常に重要である。

（4）発災後長期

　発災後数か月を経て，被災者は自身の現実を一応は受け入れ，地に足の着いた復興過程に入っていくことが多いが，先述のようにその過程には個人差が非常に大きく，幻滅・停滞が長期化する場合もある。また，そうでなくとも復興への道程は遠く，その過程でさらなるストレスに直面することも稀ではない。一方，住み慣れた土地を離れて暮らすことになった被災者は，愛着の対象であった場所の喪失感に伴うストレスがのしかかることも多い。

この頃には，生活の変化によるストレス，物的・人的喪失に伴う悲嘆の他，うつ病，心的外傷後ストレス障害（PTSD），アルコール依存などの精神疾患が出現しやすいため，疾病化の予防を図るためにも安全・安心の提供やプライバシー確保などに特に留意することが必要となる。

2　被災者に生じやすい精神疾患

災害を経験した人々は種々の精神的不調を呈することがあり，その中には精神疾患と呼ばれる状態に陥る人も少なくない。ここでは，被災者に生じやすい精神疾患のうち，代表的なものについて概説する。

（1）急性ストレス障害

急性ストレス障害（ASD：Acute Stress Disorder[1]）は，自分自身や他者の生命の危険が生じるような外傷的な出来事（性的暴力や虐待などを含む）への曝露を契機として，侵入症状（繰り返し思い出される苦痛な記憶，夢，フラッシュバックなど），陰性気分（悲観，恐怖，怒り，意欲減退など），解離症状（出来事の想起不能や現実変容感など），回避症状（出来事の記憶やそれに伴う感情，あるいはそれらを呼び起こす状況を避ける），過覚醒（不眠，怒り，過度の警戒心など）等の症状が生じて強い苦痛や生活上の機能障害を生じるもので，持続期間が出来事への曝露から1か月以内のものを指す。

（2）心的外傷後ストレス障害

心的外傷後ストレス障害（PTSD：Post-traumatic Stress Disorder[2]）は，急性ストレス障害の項目に記したような症状が，外傷的な出来事への曝露から1か月以上持続するものを指す。症状は時に年単位で持続することがある他，外傷体験への曝露から長期間を経た後に発症することもある（遅発性 PTSD）。また，直接の被災者以外の，救助の任に当たった救急隊員やボランティア等で被災地に入った一般人などが悲惨な現場を目撃すること（惨事ストレス）によって生じる場合もある。

（3）適応障害

　適応障害とは，被災によってそれまで馴れ親しんできた物的・人的環境が激変することにより，その新たに生じた事態に適応が困難となった際に生じる。症状としては不安や抑うつ気分など，自らの陰性感情に関連した症状が主である。適応障害は，通常はストレス要因の解消後は半年以内に症状が治まるが，大災害の場合は復旧や復興に長期間を要するため，適応障害が遷延する場合も少なくない。

（4）複雑性悲嘆（遷延性悲嘆症，持続性複雑死別障害）

　大切な人を亡くすことは誰しもつらいものであり，そのような喪失体験に伴って悲嘆反応と呼ばれる現象が生じることがある。最初の 1 ～ 2 週間は「ショック期」と呼ばれ，信じられない気持ちや情緒的な麻痺感などを特徴とする。続いて，死者についての思いに強く囚われる「とらわれ期」が数週間～数か月持続し，この時期は抑うつ気分や身体症状が生じることが一般的である。その後に，囚われから解放されて死者に向いていた情緒的なエネルギーを新たな関係に向け直すようになる「受容期」が続くが，それまでには 1 年から時に数年程度を要する。一周忌，三回忌などの法要は，その悲嘆の受容を促す意味をもつものと捉えられる。

　悲嘆反応は広く認められるものであり，それ自体は異常ではないが，持続期間や強度が通常の範囲を超える場合には複雑性悲嘆と呼ばれる。主な症状は非現実感の長期化，著しい罪悪感，他者への非難，強い無力感や怒りなどであり，強いストレスとそれに起因する免疫力の低下などによって高血圧，心疾患，悪性腫瘍，自殺などの発生リスクが上昇することが報告されている。悲嘆の長期化が生じやすい状況因としては，（交通事故や犯罪を含む）突然の予期しない死という死別の状況や，死者に対する依存的もしくは両価的な関係，死者が子どもや配偶者などの近しい人である場合などが挙げられる。また，個人的な要因としては，被災体験の深刻さ，元来のストレスへの脆弱性，重大なライフイベント（離婚，疾病罹患，退職など）の重なり，災害弱者（障害者，妊婦，外国人，高齢者，子ども）であることなどが挙げられる。高齢者の場合，過去に戦災を含

む災害の経験がある場合には精神的に強靱なこともあるが，生活再建に関しては極めて不利な立場に立たされやすい。また，小さな子どもの精神状態は親の精神状態の影響を被りやすいという特徴がある。

一方，災害の発生日や犠牲となった故人の誕生日など，毎年印象深い日付が近づくと，災害の直後に類似した抑うつ気分や体調不良などの症状が再燃することがあり，記念日反応（命日反応）と呼ばれる。このように，災害の影響は年余にわたって持続することがある。

（5）アルコール依存症

災害の現実が受け入れられない場合，簡単に入手できるアルコールの摂取により自身の否定的情動への直面を姑息的に回避するという方策がとられることがあり，それが高じると依存症が形成される。アルコール依存症は特に中高年の男性の単身者に多い傾向があり，肝機能障害（肝炎・肝硬変）の他，ビタミン B_1 の摂取不足を原因としたウェルニッケ脳症（眼球運動障害，運動失調，錯乱，昏迷状態などの症状が現れる）やコルサコフ症候群（見当識障害，認知症症状などを呈する不可逆な脳器質疾患）に至る例もある。

3　被災者への心理的支援

（1）被災者のレベルに応じた心理的支援体制

被災者への心理的支援（こころのケア）は，被災者の心理状態に応じて，以下の3つの段階を想定して実施することが望ましいとされている[4]（図3-1）。

① 「一般の被災者」レベル

生活支援・情報提供等を通じて一般の被災者に心理的安心感を提供し，立ち直りを促進するためのケアを行うレベルである。このレベルは地域コミュニティでの対応が可能であり，そのためにはコミュニティの再生や新たなコミュニティの形成・維持，被災者の孤立化や閉じこもりの防止，コミュニティへの積極的な参加を促すための居場所の提供やコミュニティの情報発信などが有効である。具体的には，仮設住宅への入居はなるべく発災前の地域単位で行い，

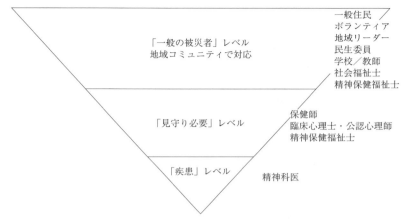

図3-1　3段階のこころのケアレベル
出所：内閣府（2012）「被災者のこころのケア　都道府県対応ガイドライン」。

仮設住宅内に居場所（集会所，相談支援場所，足湯，喫茶スペース，商店街など）を設置し，被災者が自然にコミュニティに参加しやすい状況を整えることが有効である。

②　「見守り必要」レベル

精神科医療を必要とはしないものの，家族を亡くしたり独居であったりなど，継続した見守りが必要な被災者に対するケアを行うレベルであり，適切なケアが行われなければ疾患レベルに移行する可能性が高かったり，悲嘆が強くひきこもり等の問題を抱えていたりする被災者が対象となる。具体的には，保健師，精神保健福祉士，臨床心理士・公認心理師，一般の医師，看護師などが傾聴や助言などのケアを実施し，必要に応じて専門医療や地域コミュニティへの引き継ぎを行う。

③　「疾患」レベル

被災により精神科医療が必要となった被災者や，発災前から精神科医療を受けていた被災者のレベルである。具体的には，精神科医を含むケアチームや精神科医療機関による薬物療法・精神療法や，必要に応じた入院手配（遠隔地の精神科医療機関への紹介も含む）が行われる。

（2）被災者の心理の特徴

　被災者への心理支援に際しては，支援者は被災者の心理を十分に理解しつつ
かかわる必要がある。以下に，被災者の心理の特徴について述べる。

　まず，自立のための基盤を喪失し，必需品を他者に頼らなければならなくな
ることは尊厳の喪失や屈辱感をもたらすため，被災者は受ける援助に対して葛
藤的になりやすい面に留意する必要がある。いうまでもなく，「恵んでやる」
的な見下すような対応は論外である。

　被災によりストレスが強まる中で，家族によってはより団結を強める場合も
あるが，それまでに家族の中に潜在していた問題が顕在化して諍いが増加し，
逆に家族が崩壊する場合もある。支援に際しては，個々の家族の成員間の関係
性の機微にも注意を払わなければならない。また，子どもは幼少であるほど親
に情緒的に依存する傾向が強いため，親の影響を被りやすく，また周囲環境へ
の反応の表れ方はより直接的である場合が多いことも知っておく必要がある。

　家族以外の友人，隣人，職場の同僚などとの人間関係も，一般的には精神的
安定に寄与するものと考えられるが，好ましいと感じられる対人距離のあり方
には個人差が大きいため，ただ単に人間関係の緊密化を促進すればよいとは限
らないことにも留意すべきである。また，先述の「鋏状格差」でも触れた通り，
復興景気に乗って元気になる人もいれば，悲嘆や抑うつが遷延する人もいるた
め，被災者を一律に扱うことは問題である。

　被災者の支援については，家族の存在は大きな支えとなる反面，つらい気持
ちを口にすることは「家族に負担や心配をかけるのではないか」と躊躇される
面もある。そのため，つらさを打ち明ける対象としては，信頼できる他人（心
許せる第三者）の方が望ましく，特に同様の被災体験をもつ聴き手には打ち明
けやすいといわれる。

（3）被災者への心理的支援の実際

　被災者への心理的支援を行うに際しては，具体的なニーズは個々の被災者に
よって異なるものの，被災者が被災体験を克服することへ向けた援助がその大
枠の方向性であることは論を俟たない。被災体験の克服とは，被災体験を忘れ

ることではなく，被災というつらい体験も自身の人生の意味ある1ページとして位置づけることができるようになること（被災体験の同化・統合）である。それは，体験を語り，感情を吐露する中で，自らの体験への意味づけが図られること（トーキング・スルー）によって促進されることが知られている。ただし，その過程が進むためにはただ語ればよいというわけではなく，支援者を通じて提供される深い安心の基盤のうえでその語りが受容されることによってはじめて，被災者自身の体験が間接化・相対化されていくことが可能となる。被災者が涙を流すことも，失われた対象を愛していたことの証であるため，決して否定されるべきものではなく，むしろそのまま受容される経験を通じて被災者自身が悲しみを受容する余裕が生まれてくるのである。

　悲嘆に寄り添う際の支援者の留意点としては，まず他者との比較や批判などの評価をすることなく，被災者の悲嘆を丸ごと受容することが肝要である。時には同じような内容の陳述が何度も反復されることもあるが，それはその内容がそれだけ当人にとって重要な意味をもっている証でもあるため，「その話はもう聞き飽きた」などとあしらうのではなく，大切に受け止めるのがよい。時に「死にたい」などの思いが吐露されることもあるが，その思いすら支援者との関係の中でそのまま受け止められるという体験を通じて被災者に生じる安心こそが自殺行動の抑止につながるため，決して被災者の「死にたい」思いを否定してはならない。

　また，秘密の厳守はいうまでもないことであり，被災者から聴取したエピソードを別の場面で紹介する際には，必ず事前に本人の了解を得たうえで匿名性を確保しておく必要がある。

　支援者の基本姿勢は被災者の語りを傾聴することであるが，自身の語りが相手に受容されるかどうかは誰しも不安に思うものであり，被災者は自身の気持ちを吐露することには葛藤があるのが普通である。そのため，被災者が安心できる関係性が構築されるまでは，侵入的と受け取られかねない働きかけは避けるべきである。また，被災者の直面する悲しみ，不安，怒りなどは，そう簡単に他者が理解できるようなものではなく，その受容や傾聴は本来相当な覚悟が必要なことである。故に，支援者が「どんな気持ちでも仰ってください」「お

気持ちはわかります」などと安易に口にすることは，かえって被災者の疑念や不信感を生みかねない。

さらに，被災者の気持ちの整理には一定の時間が必要であり，継続支援の目途なしに深くかかわりすぎてしまった場合，対応が突如中断することによってかえって被災者を傷つけるだけに終わってしまう可能性もあるため，支援者は自身がどの程度の期間かかわれるかによってかかわりの深さを調整するなど，自身のできる限界の範囲内で謙虚に活動することに留意する必要がある。

近親者の死を経験した被災者に対しては，グリーフケア的な対応が必要となることがある。高木は，「ケアする際の好ましくない態度」として，「忠告やお説教など，教育者ぶった態度。指示をしたり，評価したりするような態度」「死という現実から目を背けさせるような態度」「死を因果応報論として押しつける態度」「悲しみを比べること」「叱咤激励すること」「悲しむことは恥であるとの考え」「『時が癒してくれる』などと，安易にはげますこと。もっぱら楽観視すること」の7つを挙げており，そのような対応にならないよう支援者は十分に気をつけなければならない。

（4）支援者に必要なケア

先述の通り，支援者も被災者と同様に人間であり，時には被災者以上の外傷体験に遭遇することもある。特に，支援者がもともと被災地の行政関係者や医療従事者であったりするなど，自身が被災者でもある場合，支援者は自身の家族・親戚・知人の安否についての不安を抱えながら，また種々の喪失体験に十分に向き合う暇もないまま，自身の悲しみへの直面を避けて支援者としての役割に過剰適応し，無理が祟って疲弊に至る危険性が特に高くなる。

確かに，被災地において支援者としての役割を担うことは尊いことではあるが，役割に没入するあまり自身の心身の健康を損なってしまっては元も子もない。支援者は自身に精神的な余裕があってはじめて有効に機能できるということ，つまり「仕事あっての自分」ではなく「自分あっての仕事」であるということを決して忘れてはならない。すなわち，自身の限界を十分に弁え，過剰な使命感に振り回されて過労に陥らないよう注意するとともに，困難を一人で抱

え込むことなくスタッフ間で共有し，また他のスタッフと適切に交代するなどして十分な休息を確保し，自身の不安や喪失体験などとじっくり向き合えるだけの時間と機会が確保されるよう配慮される必要がある。そして，自身の心身のモニタリングを通じて早めに不調に気づけるようにしておくなど，常にセルフケアを念頭に置き，心身に不調が生じた場合には決して無理をせず，自身が専門家によるケアを受けることに躊躇しないことも大切である。支援者が余裕をもって支援に当たることができるためにも，地域外からの人的支援の充実は欠かせないものである。

（5）精神・心理療法的アプローチ

　精神・心理療法的な対応は，災害によって生じた強烈かつ複雑な情動を当人が認識することを通じて，情動の間接化や解放が図られていくことを目標とした，感情面でのワーキング・スルー（徹底操作）の支援が基本である。特に心的外傷後ストレス障害（PTSD）の場合，外傷記憶は強力な情動的圧力を帯びており，それに圧倒されることによる「侵入・反復」的な面と，それに対する防衛としての「現実否認・精神麻痺」的な面の2種類の症状が出現する。前者に対しては自己コントロールの促進，後者に対しては抑圧の緩和が目指す方向となるが，いずれも深い安心を提供することを通じてその情動の圧力が間接化・相対化されることが，改善のためには必要である。

　自身が生き残ったことに対する罪責感を中心とする「生き残り症候群」に対しては，罪悪感の原因やその体験内容との関係，未解消のままの過去の罪責感や攻撃的な空想との関係を取り扱うアプローチが必要となるが，その進捗もやはり治療者による安心の提供を通じた信頼関係の構築があってはじめて可能となる。

4　支援者自身のあり方

　最後に，災害時における心理的支援を考えるうえで，支援者自身のあり方についても考察を加えておきたい。

支援者は，そもそも自身が何のために支援者になったのかをよく考えておく必要がある。支援者が，敢えて自身の日常を離れてまで支援に向かう動機とは一体何であろうか。特に，その動機の中に「いい人でありたい」「救済者でありたい」などの自己愛的な願望が潜んでいないかなどを，自身の胸に手を当てて冷静に省みることができているであろうか。

　自己愛とは，自身の肯定的なイメージを自身の精神的秩序の礎とする体制である。自己愛的な人間は，自身の否定的な面を直視できないため，自己を謙虚に反省することができず，他者との間に齟齬が生じた際に自己正当化や他罰的な対応に流れやすい。そのような自己愛的な支援者が被災地に入って独りよがりな「支援」活動をすることは，被災者にとってはまさにいい迷惑である。いうまでもなく，被災者は支援者の自己愛を満足させるために被災したわけではない。自己愛は，自己本位の言動を通じて他者を自分の都合に巻き込み，振り回すことにつながりやすいため，特に気をつけておかなければならないものである。

　また，一言で被災者といっても，一人ひとり社会的な立場も，喪失したものも，生活の困難の程度も，心理状態も，その人となりも異なり，支援者に対するニーズも様々である。そのため，心理的支援に際しては，被災者の個別の状況に耳を傾けながら，すなわち対話を基本に据えつつ進めていく必要がある。支援者が対話的でない一方的なかかわりをすることは，当の被災者を疎外することに他ならず，それはかえってトラブルのもととなる。たとえば，東日本大震災の際，被災者が戸口に「心のケアお断り」という貼り紙をしたという例がみられたように，善意の支援活動が必ずしも歓迎されるとは限らず，逆に善意の押し売りに辟易する被災者も存在するのである。支援者は，自身の活動が被災者に負担を強いていないかどうか，常にわが身を振り返らなければならない。たとえ心理職や医療職などの専門的資格をもっていても，それは必ずしも当人が災害支援者として適格な人格を備えていることの保証にはならないことを，肝に銘じておく必要がある。

　外部から被災地に入る支援者は，自身の支援活動があくまで一時的なものであることを弁え，被災者との間に支配・依存関係を展開させるような働きかけ

は厳に慎まねばならない。そして，被災地の支援活動の体制が十分に整ってきた際には，潔く撤収することを心がけておくことは重要である。

　心理面での災害支援は，災害によって生じた精神的な混乱から被災者が立ち直るような方向性をもって実施される必要がある。災害という否定的な状況に身を置くことは，被災者にとって非常にストレスフルなことである。無論，被災者に代わって他者がその人生を生きることはできない以上，最終的には被災者自身がその現実を受け入れていくしかないが，否定的な事態は本能的には誰しも避けたいと思うものであるため，その受容には大いなる困難が伴う。それが可能となるためには，「否定的な現実と直面する自身の存在それ自体は《OK》である」というような深い《OK》によって自身が丸ごと支えられているという感覚の裏打ちが必要であり，そのような《OK》の支えがあるからこそ被災者は逆境を受け入れ，さらに次の一歩を踏み出していけるのである。

　支援者も，支援活動に際して様々な否定的事態に直面することになるが，そのような深い《OK》の裏づけがあればこそ，否定的な事態に動じずに向き合い，解決に向けて地道に対応していけるような安定が維持できるのである。この《OK》は，まさしく精神・心理臨床領域で最近注目されているレジリエンス（逆境に耐える力）の源泉に他ならないものであり，支援者は支援活動に際して自身の根柢の《OK》の感覚に支えられたあり方をしていることを通じて，被災者が《OK》に触れるための示唆を提供することが，被災者に対する根本的な支援につながるのである。心理的支援は，ともすると「いかに介入・支援するか」（doing）の次元で語られがちであるが，その治療的な本質はこの深い《OK》に支えられた支援者のあり方（being）にあると考えられる。

　なお，この《OK》は，自身に対する肯定的なイメージに依存した脆い自己愛とはまったく異なり，有限な存在である人間を下支えするもの，すなわち宗教的には「神」「仏」などと表現されるものの本質に由来する。筆者はそれを「超越論的他者」と概念化しているが，超越論的他者は文字通り時空を超越した一貫性・不変性を有するが故に確たる安定を提供できるものであり，人間はそこに立脚してこそ，否定的な事態にも動じることなく安定して在ることが可能となる。誤解をおそれずにいえば，災害支援に際して，支援者は自身の窮極

の支えとなる超越論的他者に向けた思い，すなわち「祈り」が必要ということになる（ただし，それは決して特定の宗教への入信が必要という意味ではなく，あくまで構造的にそのようなあり方が要請されるということである）。それは被災者支援のみならず，精神・心理臨床全般に共通していえることでもあるが，支援者の謙虚な安定というあり方こそが，有意義な心理的支援のための最大の資源なのである。

注
⑴　American Psychiatric Association編／日本精神神経学会日本語版用語監修／髙橋三郎・大野裕監訳（2014）『DSM-5　精神疾患の診断・統計マニュアル』医学書院。
⑵　⑴と同じ。
⑶　⑴と同じ。
⑷　内閣府（2012）「被災者のこころのケア　都道府県対応ガイドライン」。
⑸　高木慶子（2011）『悲しんでいい──大災害とグリーフケア』NHK 出版。
⑹　小笠原將之（2016）「精神療法の本質としての『祈り』」『祈りと救いの臨床』2（1），173～183頁。

参考文献
ラファエル，B.／石丸正訳（1989）『災害の襲うとき──カタストロフィの精神医学』みすず書房。

第4章

災害時における総合的かつ包括的な支援

　災害時には被災地域に生活課題（ニーズ）が急激に増大する。飛び交う膨大な情報や求められるスピード，通常にはない大量の外部支援が投入されあらゆる分野の支援者が出入りするといった災害時特有の状況が展開されるが，課題を解決するための基本は，平時と同様に様々な地域資源（リソース）を活用して解決を図っていくことには変わりがない。本章では，被災地がどのような状況に置かれるかの理解を深めるとともに，災害時に求められる地域福祉，包括的な支援，多機関による連携・協働の重要性を確認していく。

キーワード　災害ボランティアセンター　支援の三原則　災害福祉広域支援ネットワーク　生活支援相談員　災害ケースマネジメント　事業継続計画（BCP）　個別避難計画

1　地域社会の変化と多様化・複雑化した地域課題

（1）多様化・複雑化した課題を抱える地域における災害

　日本は世界でも稀にみる災害大国である。日本における地震の発生数は世界のそれの2割を占めており，毎年30を超える台風が上陸・接近し，それに伴う被害をもたらしている。活火山の数も，世界の総数のうち7％が日本に存在し，桜島のように常に噴煙を上げている火山とも共存して，我々は生活をしている。

　東日本大震災以降は，災害はさらに頻発しており，特に平成30年7月豪雨（西日本豪雨災害）があった2018（平成30）年には323市区町村，令和元年台風第

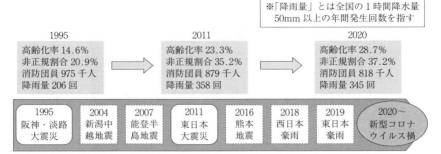

※「降雨量」とは全国の１時間降水量
50mm 以上の年間発生回数を指す

1995	2011	2020
高齢化率 14.6% 非正規割合 20.9% 消防団員 975 千人 降雨量 206 回	高齢化率 23.3% 非正規割合 35.2% 消防団員 879 千人 降雨量 358 回	高齢化率 28.7% 非正規割合 37.2% 消防団員 818 千人 降雨量 345 回

1995 阪神・淡路 大震災	2004 新潟中 越地震	2007 能登半 島地震	2011 東日本 大震災	2016 熊本 地震	2018 西日本 豪雨	2019 東日本 豪雨	2020～ 新型コロナ ウイルス禍

図 4-1　阪神・淡路大震災からの変化

出所：後藤至功作成。

19号（東日本台風）があった2019（令和元）年には410市区町村に災害救助法が
適用された。1718ある市区町村のうち，この２年だけでも約43％以上の自治体
が被災地になっているということになる。[1]

　今日，災害が起こらない地はないといっても過言ではない状況である。被災
をする土地が都市であるか過疎地であるか，また河川の氾濫による被害なのか，
土砂災害か地震か豪雪か竜巻か，災害の種類や発生した土地の特徴によってそ
の光景も大きく異なる。何より被災者の支援という視点においては，被災地域
の住民の構成や特徴，文化・習慣等も，支援におけるアプローチの違いに直結
することから，ハード面の被害の内容以上に，住民の内訳を踏まえた地域診断
が適切に行われることが求められることとなる。

　また，阪神・淡路大震災の頃と現在を比較すると，豪雨災害でいえば降雨量
が格段に増大化していることに加えて，高齢化率の上昇や非正規職員の割合の
増加，消防団員の減少等がみられ，社会状況が大きく変化している（図4-1）。
地域として受け止めて対応する力が落ちており，日本における災害がもたらす
ダメージは年々厳しくなってきている。

（2）災害時に被災地が置かれる混乱状況と課題

　被災をすると，まずは自分たちや関係者の命を守る行動から始まり，恐怖や
不安とともに，受け入れ難い状況に対して気持ちのうえで対応が困難な状況に

置かれる。被災地ではインフラが機能しなくなることから，通信手段を失って連絡をとり合うことができなくなることで，安否の確認・把握ができない状況が続く。被災地外ではマスコミを通じて，どの地域に大きな被災が発生しているのかがいち早くわかるが，被災当事者になると，そういった情報を入手することも困難であることから，地域の被災状況の把握が後手後手にまわることも少なくない。福祉関係者は災害時の要援護者といわれる人たちがサービス利用者等にいることから，まずは自力で身を守ることが困難な人たちへの対応に奔走することとなる。民生委員・児童委員は「災害時一人も見逃さない運動」により，日常からの見守り対象者の安否確認や避難誘導などに追われる。社会福祉協議会は行政との申し合わせの中でも災害ボランティアセンターを設置・運営する役割があることからも，早期にその対応のために出勤し，体制作りのための人的・物的な準備や，応援要請をかけることも含めて動き出さなければならない使命を負っている。

　このように，福祉関係者は災害時に日常の業務を超えた対応を求められることから，企業などの事業継続計画（BCP）とは異なり，複雑かつ責任の重いBCPを策定していくことが求められる。介護サービス事業者や障害福祉サービス事業者に対しては，2021（令和3）年以降BCP策定が義務化されたところである。

　一方，被災をするということは，道路が寸断される，自宅や職場が利用不能な状況に陥る，自身や家族が怪我をする，水害により移動手段が水没して使えなくなるなど，平時のような行動は制限されてしまう状況になることを指す。

　つまり，対応を求められることは倍増するのに，対応する支援側のリソースは半減するというような状況に陥るのが災害時であり，災害時の対応マニュアルやBCPを設定するに当たって，このことは欠かすことのできない視点である。平時のリソースで役割分担をしているようなものは，絵に描いた餅でしかないということを強く認識する必要がある。

　この状況を打開する方法はただひとつ，外からの支援を受け入れるということに他ならない。そのために必要な力を災害分野の造語で「受援力」という。普段から，地域に根づいて顔の見える関係の中で日常を過ごし業務に当たるこ

との多い「支援者」である福祉関係者（自治体職員等も同様）は，「支援力」を磨くことはあっても，「受援力」について考えることはないのではないだろうか。しかし，上記のように災害時の支援リソースが地元ではまかなえない状況に陥った時に，必要なのは「受援」する力なのである。外に対して，臆することなく「助けて」と言える力である。

　なぜ受援力という言葉を用いてまでして，このことを強調するか。それは，受援することが常に難しいからである。そこには外の人に対する「遠慮」であったり，普段一緒に仕事をしているわけでもない人たちに急に諸手を挙げてSOS を出すことへの「不安」もあったりするだろう。また，他の人に頼りたくない「プライド」が邪魔をするという人もいる。しかし，ここで考えるべきことは，外には支援をしようと準備しているリソースがあるにもかかわらず，被災地のキーパーソンとなる立場の人間が支援を拒絶（あるいは最小限のオーダーを）することで，被災者に影響が及ぼされるということである。特に災害時の要支援者といわれるような福祉的支援を必要とするマイノリティや声をあげにくい立場の人々に，支援がより一層届かなくなる。被災直後の直接的な死からは逃れられたにもかかわらず，その後の環境の劣悪さから発生する「災害関連死[2]」があとをたたないことと，このことは大いに関係するのである。

　被災すれば上記のような地元リソースでは対応できない状況になるのだということを，災害が起こる前から認識し，いざそのような場面になった際には，失われる命を少しでもなくすためにも，被災地の支援者は「受援力」を発揮して，外部からの支援を適切に受け入れることを心がけたいところである。

2　被災地支援の全体像

（1）被災から復興までの流れ

　災害が発生する前の防災・減災としての予防的取り組みが平時にあり，発災を機に被災地となる。地震や竜巻のような突然発生するものから，大雨・豪雪のようにある程度事前の予報が存在するものもあり，発災時の対応は異なるが，被害が発生するところから緊急救援期（救出・避難期）を経て，避難所での生

活が続くような避難所生活・罹災住家生活の支援期となる。大規模災害であるとこの期間が長いものとなる。住家を失うこととなった被災者は，応急仮設住宅に住むこととなり，また罹災した自宅でリフォームを目指して在宅で住み続ける被災者もいるような，仮住まい生活支援期・罹災住家生活の支援期が長期間続く。約2年が応急仮設住宅供与の目安だが，東日本大震災級の被害となると，この期間が10年というように大幅に長引いてしまうケースがある。その後ようやく住宅再建として新築・リフォーム，あるいは復興公営住宅等の終の棲家に定着するまで，被災者の復興の道のりは長いものとなっている。

（2）移り変わる被災者のニーズ

　その間，被災者は大きなストレス下に置かれることから，様々な生活課題（ニーズ）が発生する。住まいの問題，心身の健康，仕事の喪失，生活の場所が変わることによる孤立や交流機会の消失など，ニーズは多岐にわたる。

　また，災害発生前から各種の支援を受けていた福祉サービス利用者等は災害発生後も継続した支援を要する状態にあること（継続しているニーズ），災害発生によりインフラの途絶などの環境が悪化することから平時とは異なる方法で特別な支援を要する被災者への個別支援，発災前から課題として存在していたが隠れてしまっていたものが災害により顕在化し対応を要することがわかったもの（顕在化したニーズ），災害が発生したことでそれまでは自立できていたものが成立しなくなったという災害起因により新たに生まれたもの（新たに生じたニーズ）と，ニーズは様々である。個々の状態やニーズが生まれる背景，地域の特性や存在する社会資源によって，多様なニーズへの対応力が求められる状況となる。

　被災直後からの被災住民のニーズは住まいを確保することである。浸水被害を受けたり土砂が家の中に入り込んだりするような災害では，家屋の土砂撤去，清掃，消毒など，家屋の復旧が住まいの確保にとって最優先となることから，災害時に多くのボランティアがこれらの活動に当たる。全壊，大規模半壊，半壊といった地震や土砂災害における被害では，元の住居に住むことができなくなることにより，応急仮設住宅の供与がなされる。プレハブのような建設型仮

設住宅，行政が借り上げた賃貸住宅を利用したみなし仮設住宅，公営住宅の空き部屋への入居等の対応がとられる。また壊れた住宅を解体するのも住民への負担は大きく，近年では公費解体が行われることが多いが，その際も住居の家財の運び出しをはじめ，ボランティア等の支援者の力が必要となる場面が出てくる。

　このように被災地におけるニーズは平時とは異なる速さで移り変わる（表4-1）。加えて被災者支援の制度は時限付のものがほとんどであることから，期限内に制度の支援にたどり着くように早急な計画と実行が求められるのは平時の支援活動との大きな違いである。

（3）被災地における被災者支援の主体

　被災者支援の第一義的責任は行政（自治体）にあるが，いわゆる公助だけでは被災者の支援には不十分であり，まさに総力戦ともいえる多様な関係者がそれぞれの強みを持ち寄って支援を展開することが必須となる。

　分類すると「市民性を踏まえた支援」「専門性を踏まえた支援」「地域性を踏まえた支援」と整理できる（図4-2）。

　「市民性を踏まえた支援」は，ボランティアによる支援に代表されるように，被災地に赴いて公助では担いきれない被災者宅（私有地）での困り事（土砂被害，浸水被害等）への対応をはじめ，NPO や助け合い，生活支援サービス等が大きな力を発揮する。

　「専門性を踏まえた支援」としては，社会福祉法人・施設法人のネットワークによる支援や，福祉専門職が医療・保健等の他分野と協働して行う避難所等での専門性に基づく支援（災害派遣福祉チーム（DWAT）等），生活福祉資金（緊急小口資金等）の特例貸付を通じた一時的な金銭面での支援等がある。

　「地域性を踏まえた支援」には，従来からの自治会町内会等を通じた小地域活動や民生委員活動等が挙げられる。

　これらには多様な主体のかかわりが重要となり，災害ボランティアセンターを拠点としたボランティアによる活動をはじめ，災害支援 NPO 等の災害時に専門性を活かした支援を行う民間組織，行政保健師や地域包括支援センター等，

表4-1　発災後の時間の経過と課題の変遷

時　期 ニーズの大分類	被災直後～1週間 救出・避難	～半年 避難所生活	～数年 仮設住宅生活	～長期 復興住宅生活・自宅再建
住む・暮らす	・住居の喪失 ・水、食料、電気、通信、衣服、寝具等の喪失 ・家族の喪失（葬儀等も含む）	・生活上の諸物資の不足 ・将来生活への不安 ・集団生活の不便 ・母親喪失等による衣食住機能低下・喪失	・引っ越しの負担 ・新たな生活環境の学習 ・母親喪失等による衣食住機能低下・喪失 ・偽害詐欺や宗教勧誘 ・移動・交通手段の不自由 ・通院、施設利用、通学等への対処 ・行政諸手続のための頻繁な公的機関通い	・引っ越しの負担 ・新たな生活環境の学習 ・母親喪失等による衣食住機能低下・喪失 ・偽害詐欺や宗教勧誘 ・移動・交通手段の不自由 ・通院、施設利用、通学等への対処 ・行政諸手続のための頻繁な公的機関通い
賞やす	・財産（動産・不動産）の喪失	・衣食生活費の不足 ・動産（車等）の購入費用	・家計の再構築 ・借金返済の見通し ・金融機関との交渉や公的助成制度の探索、発見、申請 ・教育費の捻出	・家計の再構築 ・借金返済の見通し ・金融機関との交渉や公的助成制度の探索、発見、申請 ・教育費の捻出
働く	・仕事（家業・会社）の喪失	・仕事の再開・復帰 ・求職	・仕事の再開・復帰 ・求職 ・新たな仕事への順応	・仕事の再開・復帰 ・求職 ・新たな仕事への順応
育てる・学ぶ	・育児・保育困難 ・学校喪失・休校 ・遊具やおもちゃの喪失	・育児・保育困難 ・学籍時の教育保障 ・転校	・学籍時の教育保障 ・転校	・学籍時の教育保障 ・転校
参加・交わる	・知人・友人との死別	・避難に伴う知人・友人との離別	・孤立・孤独や引きこもり ・転居に伴う知人・友人との離別	・孤立・孤独や引きこもり ・転居に伴う知人・友人との離別
体の健康	・怪我への対処 ・持病等への対処（薬や医療機器の確保） ・排泄や入浴	・介護や保育困難 ・療養者の医療保障 ・エコノミー症候群の遠慮 ・要介護者の排泄入浴の配慮 ・感染症のリスク軽減	・介護等家族の孤立 ・ハイリスク者や持病者の管理	・介護等家族の孤立 ・ハイリスク者や持病者の管理
心の健康	・家族の喪失 ・ペットの喪失や離別	・プライバシー確保 ・人間関係調整 ・集団生活のストレス、他者への服従 ・集団生活上のルールへの服従 ストレス ・PTSD やフラッシュバック	・新たなコミュニティ・環境への不安・負担 ・孤独・引きこもり ・PTSD やフラッシュバック ・自殺/自殺企図 ・アルコール等への依存 ・介護等家族の孤立	・新たなコミュニティ・環境への不安・負担 ・孤独・引きこもり ・PTSD やフラッシュバック ・自殺/自殺企図 ・アルコール等への依存 ・介護等家族の孤立
その他		・避難所内での差別問題 ・被災者への差別問題	・被災者への差別問題	・被災者への差別問題

出所：上野谷加代子監修（2013）『災害ソーシャルワーク入門――被災地の実践知から学ぶ』中央法規出版より筆者一部改変。

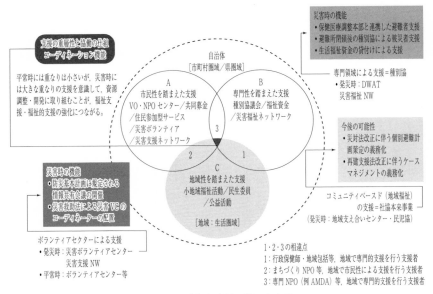

図4-2 被災者支援の様々な主体

出所：岡山県くらし復興サポートセンター作成資料（2022年）。

地域において専門的役割を果たすもの等が相互に連携をして支援に当たることが重要となる。それぞれが重なりを意識しながら支援のための資源調整・開発を進めること（コーディネーション機能）で，福祉的支援の強化につながっていく。

　また大規模災害の場合，一気に脆弱化してしまった被災地は動きがとれない状況に置かれることから，全国域からのプッシュ型の支援が必要となる場合もあり，災害ボランティアセンターの運営支援や災害派遣福祉チーム（DWAT）等において都道府県域での支援調整が活発化する。そのように，都道府県域の支援のかかわり方も災害時特有のものがある。

3　災害時の市民による支援活動

（1）災害時のボランティア活動という文化の定着

　災害時のボランティア活動は，はるか昔の災害記録からも見て取れる。たとえば，災害ボランティア活動に熱心に取り組んでいる天理教における災害救援は，遡れば1891（明治24）年の濃尾地震からその支援の記録が引き継がれてきており，「災害救援ひのきしん隊」においては，2021（令和3）年には結成から50周年を迎えている。

　災害時にボランティアが被災地で活動を行い，それが被災者の支援につながるということが国民から大々的に注目されたのは，1995（平成7）年の阪神・淡路大震災によってである。1959（昭和34）年の伊勢湾台風以来，1000人を超える規模の巨大災害が起こっていなかったこと，都市である神戸が被災したことも含めて，全国から特別な注目を浴びた。

　多くのボランティアが被災地外から被災地へ足を運び，支援活動に当たった。兵庫県発表の推計値ではあるが，137万7300人のボランティアが活動を行ったとされる。このことから，「ボランティア元年」なる言葉も生まれ，阪神・淡路大震災をきっかけに，同年7月には政府の「防災基本計画」が改訂され，「防災ボランティア活動の環境整備」「ボランティアの受入れ」に関する項目が設けられた。同年12月には災害対策基本法が改正され，国および地方公共団体が「ボランティアによる防災活動の環境の整備に関する事項」の実施に努めなければならないこと（同法第8条）が法律上明確に規定された（「ボランティア」という言葉がわが国の法律に明記されたのはこれがはじめて）。

　以降，1997（平成9）年のナホトカ号重油流出事故で30万人ともいわれるボランティアが活動するなど，災害時にボランティアが被災地で活動することが定着していった。

　ただし，無秩序に外部から支援者が被災地に入ることは，交通等の混乱を呼び起こすだけでなく，被災地の治安が悪化することにもつながり，より大きなダメージを被災地に与えかねないこともわかってきた。ナホトカ号重油流出事

故の際は，住民やボランティア5名が活動を原因に命を落とすなど，リスク管理の問題も浮上してきた。

　以降，被災者のもとにボランティアの力を届ける，いわば交通整理をする役割を担い，ボランティア活動をする人の安全管理も行う「災害ボランティアセンター」という機能が試行錯誤の中で編み出されていった。

（2）災害時の様々なボランティア活動

　ボランティア活動は「社会参加促進」「無償制・互酬性」「自主性・主体性」「創造性・開拓性」の原則に基づいて行われるものであり，法律や制度の狭間にある困り事等に対して創意工夫によって活動が行われる。被災地におけるボランティア活動も同じである。

　被災地におけるボランティア活動の意義としては，地元だけでは充足できないマンパワーを復旧・復興に提供することや，行政や制度では行き届かないきめ細やかで被災者に寄り添った支援を実現すること，自発性に基づいた積極的で多種多様な支援，地元住民でない（しがらみがない）特性を活かした支援（外部者だからこそできる支援）という特性が挙げられる。

　災害時に行われる被災者支援活動は，被災家屋・私有地内の片づけ，清掃作業，ゴミ出し，泥出し作業，瓦礫撤去，雪かき作業等がイメージされ，それらに多くのマンパワーが必要となる。その他にも，救援物資，生活物資等の仕分け作業，訪問配布，避難所での手伝い（炊き出し，洗濯等），生活再建に必要な情報の提供支援（チラシ，ニュースレター，ミニコミ誌，FM放送等），津波被災地での写真洗浄作業，避難所における話し相手，足湯，子どもの遊び相手，託児代行，被災者の交流機会づくり，お茶会等イベントの開催，暮らしの再建のための専門家の相談会，仮設住宅への引っ越しの手伝い，復興期における地域おこしの手伝いなど，多岐にわたっており，それぞれが得意な分野において活動が展開されている。

（3）災害ボランティアセンターと社会福祉協議会

　災害ボランティアセンターの担い手については，当初災害支援に詳しい災害

関係の NPO が担う場面があったが，被災地域に人脈がなくその地域の特性に
疎い点，また新たな災害が発生すると復興途上でも次の被災地へ活動の舞台を
変えてしまう不安定さなどから，長期にわたって支援し続けられる地元の組織
によるセンター運営が必要という見解が多くの関係者間で形成された。その結
果，これまでもいくつかの被災地では災害ボランティアセンターの運営主体で
あった社会福祉協議会（以下，社協とする）が担い手となることが定着していっ
た。

　社協は，地域を基盤に日常的に活動を展開している組織であり，災害時に発
災当初の地区単位でのニーズ把握からその情報拠点となる地縁組織との顔の見
える関係があることが最大の強みであった。また，災害時に支援対象として重
点的なフォローを必要とする福祉サービス利用者についての情報をもっている
こと，平時から「ボランティアセンター」としてボランティアを必要とする組
織・団体とボランティア活動者のコーディネートを行い保険加入なども受け付
けてきていること，行政や地域の幅広い団体と関係を構築していること，すべ
ての自治体に存在することや社協間のネットワークにより小規模な組織であっ
ても他の社協からの応援を得て災害ボランティアセンターの役割を果たせるこ
と，そして長期にわたる被災者支援における生活支援相談の窓口を担える団体
であることから，災害ボランティアセンターの担い手として，支援関係者の中
で共通に認識されていった。また，センター運営の支え手として，中央共同募
金会を事務局に「災害ボランティア活動支援プロジェクト会議（支援 P）」が経
団連 1 ％クラブ，日本 NPO センター，全国社会福祉協議会（以下，全社協とす
る）等により，人・もの・資金の観点から，災害ボランティアセンターの運営
を支援する形で被災地でのボランティア活動の促進を開始した。全社協は，セ
ンター運営を支える支援者の養成を行い研修受講者を被災地へ派遣し，企業か
ら提供される支援金を原資にその費用をまかない，企業や NPO の力で必要な
物資を迅速に投入する支援を実施して，被災地の災害ボランティアセンターを
支える仕組みを整えていった。

（4）災害ボランティアセンター運営における支援の三原則

　災害の種類や規模，地域の実情が異なることから，それぞれの災害ボラン
ティアセンターがもつ機能や活動スタイルも多様である。何よりも地域性が支
援のアプローチに大きく影響することから，地元の関係者が中心となって支援
拠点を担うことが重要であることが支援関係者の中で共通の理解となった。行
政の被災者を救済する責務としての支援とは別に，行政制度で担うことができ
ない制度の狭間ともいえる部分の民間による支援活動は，地元の民間団体が中
心となることが重要である。また災害直後の緊急期を経て長くかかる復興期に
おいては外部支援者は去り，地元の関係者の力で被災者を支えていくことにな
ることからも，災害ボランティアセンターという支援の拠点の運営において
「地元主体」の重要性が認識された。

　また，被災者の多種多様なニーズ（困り事）に対応していくためにも，多様
な関係者が集ってセンターを運営することが必要であることから，「協働」と
いうことがいわれた。それぞれの機関でできる支援は限られており，支援者の
限界を支援の限界にしないためにも，協働による支援が求められる。

　ボランティアをはじめとする「支援者」の拠点でもある災害ボランティアセ
ンターは，ともすると支援者の視点で物事を進めがちになることから，被災者
のために活動を行うセンターであることを改めて確認するべく「被災者中心」
を掲げた。作業にとらわれるのではなく，被災者が今何を必要としているかに
常に立ち返るために「泥を見ずに人を見よ」という言葉が使われることがある。

　これら「被災者中心・地元主体・協働」が，支援者が心得る姿勢の三原則と
して災害ボランティアセンターの運営に当たっての基本事項と認識されている
ところである。

（5）プロボノとの連携や ICT 化による支援体制の充実

　人力では難しいニーズに対して重機による支援活動を展開したり，屋根の上
に登ったりする技術をもつ支援者，床下対応等の技術を要する対応ができる者
等，プロボノ⁽⁴⁾といえる災害支援者が近年次々と誕生し，災害ボランティアセン
ターと連携をしながら，被災者の多様なニーズに柔軟に対応できるようになっ

てきている。

　一方，2020（令和２）年に入ってすぐに COVID-19（新型コロナウイルス）が世界的に蔓延し，日本でもコロナ禍として対応に追われ，全国で人流を止める動きに発展した。災害ボランティア活動においてもその影響を大きく受けることとなった。できるだけ人流を減らす方向で，移動を躊躇するようになり，密になることを避け，対面せずにオンラインを用いたコミュニケーションや会議が発達し，在宅ワーク等が普及した。

　被災者への直接の支援活動は直接現地に出向く必要があるが，災害ボランティアセンターの運営という点では遠隔でできることが追求され，災害ボランティアセンターの長年の常識となっていた流れが一新されるようになった。

　ボランティアはまずは被災地からの情報発信を受けて，ホームページから事前の活動登録をし，案内が届いてから活動に赴くという流れが誕生した。これにより，センター運営側は被災者側のボランティア活動ニーズに合わせたボランティア数を確保することができるようになり，常に課題であった資機材や送迎車両等の手配が円滑に過不足なく行えるようになった。その他，QR コードを使った受け付けや情報共有のプラットフォームソフトによるニーズ管理の進化等の ICT 化によって，被災地のセンター運営者がこれまでアナログで膨大な作業量と手間に忙殺されていたことから解放され，住民のもとに足を運ぶ時間を確保できるようになったことは，大きな進歩といえよう。

　また，活用が日常化した Zoom に代表される遠隔のオンラインコミュニケーションツールを用いて，支援関係者間の情報共有会議が遠隔地にいる者同士で頻繁かつ短時間で実施されるようになったことで，人・もの・情報の調整が極めて円滑になり，無駄な動きが激減したことも特筆に値する。

（6）市民セクターにおけるネットワークと広域連携

　東日本大震災時には，無数の支援者が互いの状況を認識しないままで支援を行っていたことによる重複や漏れ，偏りが問題になっていた。これを解消するべく，支援者間のネットワークを平時から構築することを目指し，「災害ボランティア支援団体ネットワーク（JVOAD）」が2016（平成28）年に設立され，全

国の支援関係者のネットワークの強化に努めている。大規模な災害が発生すると，被災地において支援者間の情報共有会議を運営したり，県域のネットワークに対する支援を通じて，支援者間のつながりを促進し，被災者への支援体制の充実を図っている。

　災害発生後の緊急救援期には，被災した市町村自治体に過重な負担がかかるため，応援の調整が重要となる。また近年増えている広域にわたる災害では，同一県内の複数市町村が被災することが常態化しており，都道府県域（以下，県域とする）における支援調整が機能するかどうかは重要なポイントとなっている。

　県域の役割として，災害時には市区町村における災害ボランティアセンターをはじめとする支援拠点への支援，全国各地から寄せられる人やものの支援を受け止める受援の調整の役割，被災周辺県域との連携による「ブロック」単位での支援調整などが重要である。また平時には，多様な関係者と顔の見える県域でのネットワーク体制作りや支援人材の育成に取り組んでいる。

4　災害時の福祉的支援の必要性

（1）災害時の要援護者支援

　被災地では「高齢者」「女性」「子ども」などが厳しい環境のもとで，大きなストレス下に置かれることとなるが，特に「認知症者」「身体障害者」「知的障害者」「発達障害者」「精神障害者」「乳幼児」「ひきこもり生活者」「難病患者」「医療的ケア児」「外国人」「性的少数者」「野外生活者」等のマイノリティにとって，体育館や公民館といった指定避難所での生活は困難である。

　日常では潜在化している課題が災害時に一気に顕在化して表出してくる。また被災後に生活困窮に陥ったり，過度のストレスや環境の激変により，家族関係に亀裂が入ったり，児童虐待や DV 等が新たに発生したりすることも少なくない。災害時には被災地の課題を解決するための体制が構築されることから，それを活用して発災前に着手できていなかった課題に向き合うことが行われる地域もある。災害時に体制を新たに組むのではなく，日常から自治を意識しな

がら，包括的な支援体制を圏域ごとに構築していくことが，災害時にも極めて有効に機能するということがいえよう。

（2）被災者支援においてソーシャルワーカーに求められる役割

　上記のような要援護者は，平時からも見えにくい存在である。彼らは災害時には特に困難な状況に置かれることから，潜在化してしまっている課題や思いを「可視化」していくことが必要であり，支援過程で様々な団体，機関と「協議」「協働」「調整」を繰り返しながらネットワークを紡いでいく。災害時に混沌として見えづらい事象を「可視化」し，「構造的」に理解したうえで，「優先順位」を見極め，必要な「仕組みや施策」を提案していくことがソーシャルワーカーには求められている。

　一方で，要援護者の可能性や彼らの潜在的な力にはあまり意識が傾注されてこなかったのも事実だ。災害時に見過ごされがちとなってしまう，要援護者に対する「エンパワメント視点」「ストレングス視点」「合理的配慮・ユニバーサルデザイン」を今一度，可視化していく必要がある。本来その人にある力や可能性，その能力が発揮できるような支援を働きかけていく視点が重要である。あくまでも要援護者は「主体者」であり，一般避難所だけでなく福祉避難所等も「生活の場」だということを，社会に対し，実践をもって訴えかけていく必要がある。

（3）避難所の課題

　日本の避難所環境は生活の場としては課題が大きい。自治体が設定しているいわゆる「指定避難所」の多くは，体育館などのスペースとなっているが，生活環境として重要な1人あたりの居住空間の確保，プライバシーの確保，快適な温度や湿度の管理，良好な換気の環境，トイレの数や男女比の適正な確保等，どれをとっても必要な条件に満たないのが常態化している。難民キャンプ等の生活空間における国際基準として「スフィア基準」が知られているが，その基準に遠く達していないのが日本の被災地の避難所なのである。避難所の環境が悪いことは，避難所に避難する人数を抑制し，何らかのハンディキャップが

あったり幼児を抱えていたりする人が避難所への避難を選択しないことにつながっている。避難環境が良好でないことは、ひいては「災害関連死」の増加につながることから、早急にその改善が求められる。国は「避難所における良好な生活環境の確保に向けた取組指針」（2013年策定、2022年4月改定）を発出するなどして、改善を働きかけている。

（4）福祉避難所

　避難所環境に耐えられない福祉的な支援ニーズをもつ住民などに対して、災害時に「福祉避難所」を設置することが自治体には求められている。多くは社会福祉施設と協定を結んで、それらを福祉避難所として位置づけているが、協定後の具体的な備えのための準備を進めることが課題となっている。福祉避難所の中でも自治体が指定する「指定福祉避難所」の数は限られており、2021（令和3）年の災害対策基本法の改正に伴う「福祉避難所の確保・運営ガイドライン」（2021年5月改定）において、普段から在宅で暮らしながらデイサービスなどの施設を利用する住民を対象とする等事前に避難する住民を指定したり、一般避難所に一度避難することなく直接福祉避難所への避難を可能にしたり等、福祉避難所の設置・利用の促進が図られるようになった。

　また日常的に災害時の要援護者となる可能性の高い住民を見守っている民生委員・児童委員が「災害時一人も見逃さない運動[6]」を通じて、災害時の要援護者支援の重要な役割を担っている。ただし、東日本大震災時にこの役割を受けた民生委員・児童委員56名が津波で命を失ったことから、民生委員・児童委員が見守り対象者の避難まで責任をもつのではなく、自治体として「個別避難計画」を策定して、具体的避難の支援計画を作ることが、2021（令和3）年から5年間の努力義務とされた。

（5）災害福祉広域支援ネットワークとDWAT

　避難環境の改善等からも被災後の生活を支えるところに福祉的な支援が必要であることが、多くの災害関連死を出した東日本大震災で顕著となり、以降、福祉関係者による災害福祉広域支援ネットワークの構築が厚生労働省主導で進

○　近年の災害においては，高齢者や障害者，子ども等の地域の災害時要配慮者が，避難所等において，長期間の避難生活を余儀なくされ，必要な支援が行われない結果，生活機能の低下や要介護度の重度化などの二次被害が生じている場合もあり，これら災害時要配慮者の避難生活中における福祉ニーズへの対応が喫緊の課題となっている。

○　このような状況を踏まえ，災害時において，災害時要配慮者の福祉ニーズに的確に対応し，避難生活中における生活機能の低下等の防止を図るため，各都道府県において，一般避難所で災害時要配慮者に対する福祉支援を行う「災害派遣福祉チーム」を組成するとともに，一般避難所へこれを派遣すること等により，必要な支援体制を確保することを目的として，官民協働による「災害福祉支援ネットワーク」の構築に向けた取組を推進するためのガイドラインを策定する。

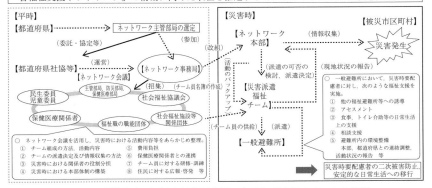

図4-3　「災害時の福祉支援体制整備に向けたガイドライン」の概要

注：上記は，あくまで標準的な在り方であり，都道府県の実情を踏まえつつ，ネットワークで検討の上，必要な変更を加えていくことが期待される。

出所：厚生労働省「災害時の福祉支援体制の整備について（概要資料）」。

められてきた。2018（平成30）年，「災害時の福祉支援体制整備に向けたガイドライン」（図4-3）が発出され，各都道府県では，福祉専門職による災害時の支援に当たる職員の育成とネットワークの構築が徐々に始まってきた。その中でも，災害時に避難所へ福祉専門職を派遣するチーム「災害派遣福祉チーム（DWAT）」の組成が県によっては始められた。保健や医療分野の避難所支援体制の構築から比べて後発であった福祉分野であったが，2022（令和4）年7月「大規模災害時の保健医療福祉活動に係る体制の整備について」が厚生労働省から通知され，保健医療福祉調整本部の設置等がうたわれ，保健・医療分野と福祉の連携が明文化された。

　一方，福祉避難所の充実や，事情があって被災した住宅に身を置き続ける在宅被災者に対しての支援も今後どのように展開するかが課題となっている。

表4-2 災害派遣福祉チームの活動内容

① 福祉避難所等への誘導
② 災害時要配慮者へのアセスメント
③ 相談支援
④ 一般避難所及び福祉避難所内の環境整備
⑤ 本部，都道府県との連絡調整，状況等の報告
⑥ 多職種との連携

出所：厚生労働省「災害時の福祉支援体制の整備に向けたガイドライン」より抜粋。

（6）DWAT の構成員と具体的活動

　DWAT は専門性を活かした支援であることから，その構成員は，社会福祉士，介護福祉士，介護支援専門員，介護職員初任者研修修了者，介護福祉士実務者研修修了者，相談支援専門員，精神保健福祉士，手話通訳士，保育士，看護師，リハビリ専門職，管理栄養士，臨床心理士等が想定されている。また職種としては，生活相談員，生活支援員，独立型社会福祉士，介護職員，ケアマネジャー，訪問介護員，手話通訳者，要約筆記者，地域包括支援センター職員，社会福祉協議会職員等である。このように，福祉という括りであってもそれぞれの専門性も職場の種類も異なるメンバーがチームとなって支援を行うため，チーム内でのチーム員間の相互理解に基づく連携・協働が必要となる。このことからもチーム員養成に当たっては，チームビルディングや他業種への理解促進が大切である。

　DWAT の活動は主に一般避難所および福祉避難所を想定している。活動内容としては，福祉避難所（福祉スペース）への誘導，保健師等別の専門職との連携のうえでの要配慮者へのアセスメント，避難生活における日常生活への支援，相談支援，避難所の環境整備等が挙げられ（表4-2），地元主体を基本原則に避難所で活動する他分野の支援者との連携のうえで避難者の生活を支える視点で行われる。

5　復興期における被災者支援

（1）復興期の被災地における課題

　経済基盤や生活基盤を失ったり弱体化してしまったりした被災者は，自立した生活を営むことが困難になる。全壊・半壊等により，本来の住居に住み続けることができなくなった被災者は，応急仮設住宅に一時的に入居し，住宅の再建を含めた生活再建と向き合っていかなければならない時期を過ごすことになるのが復興期である。

　これまで「被災者生活再建支援法」をはじめとする被災者への救援策が制度化されてその充実が図られてきたところだが，多種多様な被災者の困り事は制度だけでは解決ができない。分野も，住宅再建にかかわることを筆頭に，健康の問題，財政・家計の問題，職業の問題など，極めて多岐にわたり，そこにかかわるべき専門機関や専門職も幅広く必要とされる。そもそも支援制度がないものもあれば，制度の中身や運用の仕方に問題があって支援に行き着かないことも多々存在する。あるいは被災後の混乱や失意が続く中で，時限付の支援制度の情報に到達できないまま時間が過ぎてしまうこともある。

　そのような中に置かれる被災者に対して，相談に乗り，その人の自立に向けた解決策につなげていく存在が，被災後しばらくの期間は必要となる。

（2）生活支援相談員による支援

　被災者の生活課題や福祉課題を把握し，相談や調整を行って支援できる専門機関や専門家につないで課題解決を図っていく仕組みが次第に整ってきた。復興支援センターや支え合いセンターと呼ばれる支援拠点を設けて，生活支援相談員という役割を担う職員を雇用し，支援に当たるのがそれである。

　生活支援相談員は個々の被災者の多様なニーズに応える「個別支援」を通して自立を促進するとともに，住民同士のつながりや助け合い活動を紡ぐ「地域支援」の両輪で支援を行っていくことが期待されている。

　また，センターも支援の拠点としての機能をもつことで，多様な関係者が連

携・協働して，ケース会議等を通じて，役割分担をしながら課題解決を図っていくことが求められている。

（3）被災者見守り・相談支援事業の創設

これら生活相談員の活動や支援拠点を設ける取り組みは，2018（平成30）年の西日本豪雨災害，2019（令和元）年の東日本台風と大きな災害が続く中で，「被災者見守り・相談支援事業」として事業が常設化された。

ただし，災害起因の本事業は時限付であるために，仮設住宅からの転居等を境に支援体制が終了することになる。しかしながら，困り事を抱え，自立に向けての準備に移行しきれない被災者は存在し続け，平時の生活困窮者自立支援や生活支援体制整備事業，重層的支援体制整備事業等を活用した支え続ける体制を作っていくことが，被災地の支援者には求められている。

（4）災害ケースマネジメント

これらの仕組みを動かしていく具体的な支援手法として，「災害ケースマネジメント」という概念が使われることが増えてきており，2023（令和5）年3月には内閣府より「災害ケースマネジメント実施の手引き」も発行された。被災者一人ひとりに必要な支援を行うため，被災者に寄り添い，その個別の被災状況・生活状況等を把握し，それに合わせて様々な支援策を組み合わせた計画を立てて，連携する仕組みをいう。大きな災害を経て法や制度は充実してきたが，ややもすると制度という枠組みの中での支援にとどまりがちである。一人ひとりの被災者をみて支援をすることが求められる。

そのためにも，まずは被災者全戸訪問という手法がとられる。アウトリーチしてニーズを把握していくアセスメントの作業が最初に必要となる。西日本豪雨災害の倉敷市真備町では5800世帯へ全戸訪問を実施し，初回訪問完了まで約半年を要したが，このプロセスは支援のスタートには必須の行動となる。その内容をもとに行政をはじめ，福祉・医療・保健等専門職や士業団体，NPO，民生委員等によるケース会議が行われる。また，地域の住民，団体，専門機関等によるソーシャルサポートネットワークの連携構築により，取り残される被

災者が出ないよう，地域全体で支援を行う体制を作っていく。

　生活再建促進を目的とする災害ケースマネジメントを実践するためには，①災害時の福祉支援体制の構築，②県域における災害時の福祉支援ネットワークの構築，③ケースマネジメントを支えるツールの開発，④被災行政区内のコーディネート機能を強化するためのアドバイザー／スーパーバイザーの確保・育成，⑤ケースマネジャー等の被災者支援従事者対象の人財育成プログラムの開発といったことが重要となる。

6　日常からの防災・減災活動

（1）社会福祉施設における事業継続計画（BCP）

　2021（令和3）年は災害対策基本法の改正に伴い，多くの福祉的視点を備えた災害関係の制度改正が行われた「福祉防災元年」ともいえる年であった。

　そのひとつに，社会福祉事業者（高齢・障害分野）に対して，災害時の事業継続計画（BCP）の策定が義務づけられたことがある（2023年度末までの3年間の経過措置あり）。災害時の弱者と呼ばれる福祉サービス利用者の命を守るための福祉事業がストップすることなく継続できるように，様々な事前の準備や計画が求められる。前述の福祉避難所としての役割や被災した同業者の応援も含めて，福祉事業者の役割は重大である。しかし，災害は対応できる職員が減少することを想定する必要があり，それ故に BCP はその不足する支援の担い手をどう調達して乗り切るかの「受援計画」ともいえる。平時から，多様な関係者が具体的に顔の見える横のつながりを作っておくことが重要となる。

（2）避難行動要支援者名簿の作成と個人情報

　2013（平成25）年の災害対策基本法の改正に伴って，市区町村で「避難行動要支援者名簿」が作成されるようになり，民生委員・児童委員はその名簿を保有する対象として明確にされた。加えて，民生委員が警察・消防，市区町村社協や自主防災組織とともに，具体的な「避難支援等関係者」と位置づけられた。しかし，名簿の作成は進んだものの，平時の情報共有の方法や管理方法等が，

表4-3　災害に備える民生委員・児童委員活動10か条

（民生委員・児童委員として災害に向き合う大原則）
第1条　自分自身と家族の安全確保を最優先に考える
第2条　無理のない活動を心がける
（平常時の取り組みの基本）
第3条　「地域ぐるみ」で災害に備える
第4条　災害への備えは日ごろの委員活動の延長線上にあることを意識する
第5条　民児協の方針を組織として決定し，行政や住民等にも周知する
（市町村と協議しておくべきこと）
第6条　名簿などの個人情報の保管方法，更新方法を決めておく
第7条　情報共有のあり方を決めておく
（発災後の民児協活動において留意すべきこと）
第8条　委員同士の支え合い，民児協による委員支援を重視する
（避難生活から復旧・復興期の活動で意識すべきこと）
第9条　支援が必要な人に，支援が届くように配慮する
第10条　孤立を防ぎ，地域の絆の維持や再構築を働きかける

出所：全国民生委員児童委員連合会「災害に備える民生委員・児童委員活動に関する指針　民生委員・児童委員による災害時要援護者支援活動に関する指針　改定第4版」。

個人情報保護との関係で円滑に行うことができなかったケースも少なくない。災害対策基本法第49条の11にあるように，現実の災害時には名簿を支援活動に当たる関係者に対して共有する際は本人への同意が必ずしも必要ないにもかかわらず，同意が必須と誤解して共有・支援活動への活用がなされなかったという事例も発生した。個人情報保護を気にしすぎることが支援の妨げになることは避けなければならない。

（3）民生委員・児童委員による見守り活動

　平時から地域における要配慮者を見守っている民生委員・児童委員は，災害時にもその延長で重要な役割を期待されている。2006（平成18）年に民生委員制度創設90周年を記念に始まった「災害時一人も見逃さない運動」は，その後も第二次運動へ引き継がれ，災害時の民生委員の役割が明確化された。しかし前述したように，東日本大震災において，56名の民生委員が要配慮者を助けに向かって津波にのまれて命を失うということが発生した。その教訓を踏まえて，「民生委員・児童委員による災害時要援護者支援活動に関する指針」を策定

(10か条等) するに至った (表 4 - 3)。その後, 2013 (平成25) 年の災害対策基本法の改正により, 避難支援者等関係者として民生委員が明記され,「避難行動要支援者名簿」の保有先として最有力の存在となった。

　民生委員は平時には見守りマップの作成と更新, 台帳の整備と更新等を行い, 災害が発生すると「避難支援等関係者」として安否確認から避難の誘導等を行うとともに, 避難所開設に当たっての協力や災害ボランティアセンターと連携した支援等も行っているケースもある。また, 仮設住宅での生活を行うような時期には, そこでの見守り活動や生活支援相談員となって被災者支援に専念する場合もある。

(4)　自治体における個別避難計画策定と福祉関係者

　2021 (令和 3) 年の災害対策基本法の改正に伴い, 自治体には「個別避難計画策定」が義務づけられた (5 年を目途にした努力義務)。避難行動要支援者名簿の作成はできていても, 実際の災害時に誰がどうやってその対象者の避難を支援するのかが決められていないことがほとんどであった。そのことから, 個別避難計画の策定に当たっては, 福祉専門職, 社会福祉協議会, 民生委員等の日常の支援者および地域住民と連携して策定することがうたわれている。また, 災害の危険度の高いところ等優先度の高い方から個別計画を策定すること, 個別避難計画には避難行動要支援者名簿に記載されている情報に加え, 発災時に避難支援を行う者, 避難支援を行うに当たっての留意点, 避難支援の方法や避難場所, 避難経路, 本人が不在で連絡がとれない時の対応等の情報を記録しておくこととされている。

7　災害時における総合的かつ包括的な支援を実現するために

　本章では,「災害ボランティアセンター」「災害福祉広域支援ネットワーク」「生活支援相談員」「災害ケースマネジメント」「事業継続計画 (BCP)」「民生委員・児童委員の災害時一人も見逃さない運動」等の各論について述べてきた。これまで, これらの福祉的支援がそれぞれの日常の縦割りの延長にあり, 災害

83

時に有機的に互いが結びついて切れ目のない支援となるには，連携が不十分である時代が続いてきた。

　今後，これら平時からの備え，災害直後の避難生活期，復興への長い道のりにおける伴走型の支援期といったフェーズごと，あるいは公助と共助，市民と専門職等，それぞれの担い手が他の支援者を知り，必要に応じて連携・協働を行うことで，被災地域における包括的な被災者の支援体制が実現することが求められている。

　災害時はニーズの増大や時限的対応，福祉以外の多種多様なニーズ等，災害時特有の支援内容は存在するが，基本は平時の地域における包括的支援体制が災害時にもそのまま活きることとなる。平時からの多機関連携による包括的支援体制の整備が，被災地の支援をより円滑なものとしていくこととなろう。

　注
(1) 内閣府『令和2年版防災白書』。
(2) 災害関連死は，建物の倒壊等の災害の直接の被害によって亡くなるのではなく，在宅や避難所等での避難生活中において持病の悪化や病気の発症等，災害起因により間接的に亡くなること。
(3) 応急仮設住宅は，大規模災害により住宅を失った被災者に対して提供される応急的，一時的な住宅。プレハブ等の「建設型仮設住宅」と民間賃貸住宅を借り上げて仮設住宅としてみなす借り上げ型「みなし仮設住宅」がある。
(4) プロボノは，職業上のスキルや専門知識を活かして取り組むボランティア活動。「公共善のために」を意味するラテン語「Pro Bono Publico」を語源とする。
(5) スフィア基準は，正式には「人道憲章と人道支援における最低基準」という名称であり，災害や紛争の影響を受けた人々に対する人道支援の原則や支援活動を実施するうえでの最低基準について定めている。
(6) 災害時一人も見逃さない運動は，2007年の民生委員制度創設90周年に際して，高齢者や障害者といった災害時要援護者をあらかじめ把握して，適切な避難支援体制を整備していくことをスローガンにしたキャンペーン運動。

第 5 章

災害時における医療活動

　災害医療における目標は，「防ぎえた災害死を防ぐ」ことにある。本章では，まず災害医療と救急医療の違いを整理したうえで，災害現場で行われるべき救命医療について概説している。また，わが国の災害医療体制には，広域災害救急医療情報システム（EMIS），広域医療搬送体制，災害拠点病院，災害派遣医療チーム（DMAT）の 4 つの特徴があるが，それぞれの位置づけや役割についても理解を深めていただきたい。さらに，発災後の災害医療支援の流れを押さえつつ，超急性期，急性期，亜急性期における基本方針についても理解をしておく必要がある。最後に，災害医療からみたソーシャルワーカーの位置づけについてもまとめた。意識を高くもってこの章に向き合っていただきたい。

　キーワード　災害医療　広域災害救急医療情報システム（EMIS）　広域医療搬送体制　災害拠点病院　災害派遣医療チーム（DMAT）

1　災害時の救急医療

（1）災害医療と救急医療との違い

　大規模な災害が発生すると，病院などの医療機関だけでなく消防，情報・交通網など普段は当たり前のように稼働している地域医療システムが機能不全に陥る。さらに，災害によって多くの傷病者が同時に発生することで，医療の需要と供給のバランスが崩れてしまうことになる。医療の需要と供給の不均衡は少しであれば何とか機能することもあるが，不均衡の影響が大きくなればなる

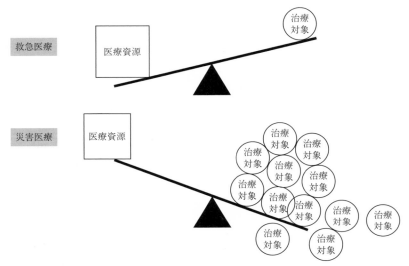

図5-1 災害医療と救急医療との違い

出所：筆者作成。

ほどより破滅的な結果をもたらすことになる。すなわち，災害時の救急医療は，平時の救急医療とは大きく異なることを念頭に置くことが重要となる（図5-1）。平時の救急医療は一人の患者に多様な医療者がかかわり，多くの医療資源を使って救命に尽力するが，災害時の医療は，平時よりも限られた資源（医療者・もの・場所・時間）で，多くの被災者に最善を尽くし，防ぎえた災害死を[(1)]なくすことを目指さなければならない。[(2)]したがって，いかに通常時の医療にスムーズに移行できるかが重要な鍵となる。災害の程度が小さく周辺に医療機関が多い場合であれば，災害時の医療は短期間で終わり，通常時の医療に戻すことができるかもしれない。しかし，2011（平成23）年の東日本大震災のような大地震が起これば，その復旧には長期間を要し，災害時の医療に取り組む期間は長くなる。特に日本は地震などの自然災害が頻発する国であるため，いかに通常時の医療にスムーズに移行していくかという課題について，今後一層取り組むことが求められている。

（2）災害現場での救命医療

　災害医療では，災害による傷病者の最大多数に対して最良の結果を導き出すことを最終目標として位置づけている。わかりやすくいえば，「防ぎえた災害死を防ぐ」ことを目標とする。したがって，災害支援の現場では重症患者の対応が最も重要となる。しかしながら，重症患者が災害拠点病院まで搬送され，治療を受けることができたとしても，同時に多数の傷病者を治療することには限界が生じる。そのため，多数の重症患者が発生した場合は被災地外（隣接他県を含む）への広域搬送も視野に入れる必要がある。

　災害現場で行われるべき医療に，「3 つの T」（Triage：トリアージ，Treatment：治療，Transport：搬送）がある。大規模災害が起きると，一度に多数の傷病者が発生し，医療需要が急激に増大するため，従来の医療システムが破綻することになる。迅速な初動体制を確立し，外部からの支援を有効に活用することによって，適切な医療を提供する体制を早期に確立する必要がある。

①　Triage（トリアージ）

　災害医療の最終目標を達成するためには，まず受傷した被災者のトリアージと初期処置，治療を行う必要がある。トリアージとは，傷病者の緊急度や重傷度を判断し，搬送や治療の優先順位を決定することである。迅速に行うため，1 人30秒を目安にふるい分け（一次トリアージ），その後，精度を向上させて判定する（二次トリアージ）。ふるい分けトリアージ中は，迅速なトリアージの妨げとなることから処置は行ってはならないが，気道確保や圧迫止血は例外として同時並行で行う。トリアージ区分は，救命困難群もしくは死亡群は「黒」，最優先治療群（緊急治療群）は「赤」，待機治療群（非緊急治療群）は「黄」，軽傷群（治療不要もしくは軽処置群）は「緑」というように，重傷度に応じて色で振り分ける[3]（図 5 - 2）。傷病者が同時多発的に発生する災害では，限られた条件の中で少しでも救命の可能性が高い傷病者を優先的に救命し，社会復帰へとつなげることを目的とする[4]。

②　Treatment（治療）

　災害現場における治療の目標は，傷病者を医療機関まで安全な状態で搬送す

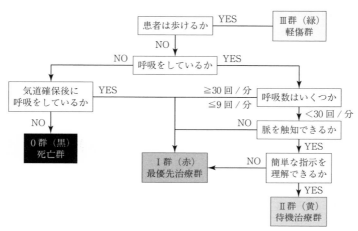

図 5 - 2 　トリアージの手順

出所：重森健太・横井賀津志編（2019）『地域リハビリテーション学（第 2 版）』羊土社
　　をもとに筆者作成。

ることである。災害時には，傷病者が多数発生することから，救急車の台数が
充足できず，十分な搬送が行えない。そのような状況下では傷病者が災害現場
に停滞してしまうため，現場救護所が設置される。そこでは，緊急度・重傷度
の高い傷病者を優先的に治療し，医療機関に搬送することが，防ぎえた災害死
を回避するうえで重要となる。つまり，災害現場で行われる治療は根治的治療
ではなく，症状を安定化させるための応急措置が中心となる。

　災害の急性期では，被災地域におけるライフラインが確保されない環境での
医療活動となることが多いため，自己完結型の医療体制を整え活動することも
重要である。このため，平常時から携帯装備品の整備やトリアージなどの訓練
を心がける必要がある。また，都道府県はライフラインが復旧するまでの間，
医療救護活動を円滑に行えるよう，電気・ガス・水道等のライフライン関係機
関に対して，医療機関への優先的な供給を要請し，特に透析医療機関への上水
道の供給に配慮することも，適切な治療を行ううえでは必要な視点となる。

　③　Transport（搬送）

　災害医療においては，傷病者の症状や様態に合わせて適切な医療機関へ円滑
かつ迅速に搬送することが重要となってくる。安定化を施された傷病者は主に

災害拠点病院や救命救急センターに搬送されることになるが，規模が大きい災害となるとそれらの施設自体も被災している場合が多く，診療スペースや設備の損害状況によっては傷病者受け入れより避難が優先されることもあり得る。また，診療機能の低下を来す可能性は高く，救命医療以外は断念せざるを得ない状況が生じ得る。被災傷病者が来院する段階では，通信手段の破綻により来院前の情報入手はまず不可能であり，服薬歴もお薬手帳や薬剤そのものの紛失により不明なことも多い。そのため，災害現場における配置と統率，搬送手段や搬送先医療機関の確保，搬送方法と搬送順位の決定，搬送先の状況確認が的確に行われる必要がある。

2　わが国の災害医療体制

　わが国の災害医療体制の特徴として，広域災害救急医療情報システム（EMIS），広域医療搬送体制，災害拠点病院，災害派遣医療チーム（DMAT）の派遣体制が整備されていることが挙げられる。まず，それぞれの役割や位置づけについて説明する。

（1）広域災害救急医療情報システム（EMIS）

　EMIS[(5)]は，災害時に都道府県を越えて災害医療情報をインターネット上で共有し，被災地域での適切な医療や救護にかかわる情報を集約し，提供するシステムである。このシステムは，阪神・淡路大震災の教訓を活かして構築され，災害発生時に被災地域をはじめ全国の災害拠点病院が病院被災状況や患者の受け入れ情報，避難所情報，災害派遣医療チーム（DMAT）の活動状況などを入力することで，被災地の被害状況や要請情報，被災していない地域の支援体制などの情報を各医療機関，中央官庁，自治体，消防，保健所などの関係機関で共有し，迅速かつ効果的な救護活動をサポートする。

　EMIS は一般市民向けと関係者共有があり，利用者の種別により情報共有される機能が異なる（表5-1）。関係者共有の EMIS 基本機能には，災害発生後における医療機関の被災状況や受け入れ患者の可否・受け入れ可能な患者数な

表 5-1　EMIS の基本機能

一般市民向け	・災害救急医療にかかわる一般向け各種情報の提供（お知らせ，医療機関情報検索） ・災害医療にかかわる固定コンテンツ ・災害医療全般についてのリンク集（災害ライブラリ，災害救急リンク集）
関係者共有 （ログインのための機関コード，パスワードが必要）	・災害医療情報（緊急時，詳細）の入力，検索，集計 ・災害救急にかかわる関係者向け各種情報の登録・提供 ・医療機関情報の提供 ・災害時における速報 ・情報共有化機能（メーリングリスト，メールマガジン） ・機関情報の管理機能 ・システム運用状態の切替 ・災害時における通知，連絡などの配信機能

出所：EMIS ホームページ（https://www.wds.emis.go.jp/　2022年12月1日閲覧）をもとに筆者作成。

どの情報収集を行い，関係各所で共有するための機能が備わっている。EMIS は1996（平成8）年の運用開始以降，様々な災害発生現場で活用されてきた。EMIS は災害発生時における迅速かつ適切な医療提供に大きく貢献してきたが，活用の歴史の中でみえてきた課題もある。EMIS が抱える課題のひとつとして，システム操作が慣れていないと難しい点が挙げられる。EMIS は災害発生時において必要な情報を集約し整理できるメリットがある一方で，情報が多いため必要な情報をすぐに発見できないデメリットもある。EMIS は主に災害発生時という非常時に使用されるシステムであることから，多忙な医療職や自治体職員は平時にほぼ扱う機会がない。今後，緊急時でもすぐに対応できるように EMIS のデザインを改良する，もしくは平時に扱う機会を作るなどの検討が必要である。

（2）広域医療搬送体制

　多くの医療施設が同時に被害を受ける大規模災害では，被災地外の各地域へ患者（傷病者）を分散搬送することにより，傷病者の救命を目指す。広域医療搬送とは，国が策定した飛行計画に基づいて，自衛隊の航空機や大型ヘリコプターなどで被災地域内から被災地域外へ患者（傷病者）を搬送することであり，実際に東日本大震災においても実施された。

広域医療搬送は次の4つの流れで行われることを想定している。

①　地震発生後速やかに広域医療搬送活動に従事する災害派遣医療チーム（DMAT）等が被災地外の拠点に参集し，航空機等により被災地内の広域搬送拠点へ移動する。

②　被災地内の広域搬送拠点へ派遣された DMAT 等は，拠点内に患者を一時収容する広域搬送拠点臨時医療施設（SCU）の設置を補助するとともに，一部は被災地の都道府県が調整したヘリコプター等で被災地内の災害拠点病院等へ移動し，広域医療搬送対象患者を選出し，被災地内の災害拠点病院等から被災地内広域搬送拠点まで搬送する。

③　搬送した患者を SCU へ収容し，広域搬送の順位を決定するための再トリアージおよび必要な追加医療処置を実施する。

④　搬送順位にしたがって，広域搬送用自衛隊機で被災地外の広域搬送拠点へ搬送し，広域搬送拠点から救急車等により被災地外の医療施設へ搬送して治療する。

（3）災害拠点病院

災害拠点病院とは，災害発生時に災害医療を行う医療機関を支援する病院のことで，多発外傷，挫滅症候群，広範囲熱傷等の災害時に多発する重篤救急患者の救命医療を行うための高度の診療機能を有し，被災地からのとりあえずの重症傷病者の受け入れ機能を有するとともに，傷病者等の受け入れおよび搬出を行う広域搬送への対応機能，自己完結型の医療救護チームの派遣機能，地域の医療機関への応急用資器材の貸し出し機能を有する病院で，各都道府県の二次医療圏ごとに原則1か所以上整備されている。

災害拠点病院の主な指定要件は次の4つである。

①　災害拠点病院においては，24時間緊急対応し，災害発生時に被災地内の傷病等の受け入れおよび搬出を行うことが可能な体制を有すること。

②　災害拠点病院は，災害発生時に，被災地からの傷病者の受け入れ拠点に

もなること。すなわち，「広域災害・救急医療情報システム」が未整備または機能していない場合には，被災地からとりあえずの重症傷病者の搬送先として傷病者を受け入れること。また，たとえば，被災地の災害拠点病院と被災地外の災害拠点病院とのヘリコプターによる傷病者，医療物資等のピストン輸送を行える機能を有していること。
③　災害拠点病院内に災害発生時における消防機関（緊急消防援助隊）と連携した医療救護班の派遣体制があること。
④　ヘリコプター搬送の際には，同乗する医師を派遣できることが望ましい。

　災害拠点病院には，「基幹災害拠点病院」と「地域災害拠点病院」があり，条件によって都道府県が指定する。2022（令和4）年4月1日時点で，全国の災害拠点病院は，765病院（基幹災害拠点病院64病院，地域災害拠点病院701病院）が指定されている。⁽⁶⁾

（4）災害派遣医療チーム（DMAT）

　DMATは，主に都道府県の災害拠点病院に所属する医師，看護師，業務調整員（医師・看護師以外の医療職および事務職員）で構成され，大規模災害や多傷病者が発生した事故などの現場に，急性期（おおむね48時間以内）から活動できる機動性をもった，専門的な訓練を受けた医療チームである。救命医療や，後方搬送のニーズは発災から12時間でピークに達するが，従来の医療救護班の到着はそれより遅く，医療に空白ができる。迅速に現地に入り，空白を補うのが，DMATの意義である⁽⁷⁾（図5-3）。わが国のDMATは1チーム4〜5人のチームであるが，災害発生時に迅速に被災地域への出動準備を行い，被災都道府県の派遣要請に基づいてチームが派遣される⁽⁸⁾。災害が発生した際に，被災地に支援に行く医療チームは医療救護班と呼ばれ，従前から災害救助法に規定されていた。しかし，通常何の準備もしていない医療従事者が現地へ赴くためには様々な業務調整を行う必要があり，発災直後に出発することは不可能である。また，被災地域で求められる医療支援を実行するためには，災害医療特有の基本理念と情報共有や組織運営に関する知識や技能を身につけている必要がある。

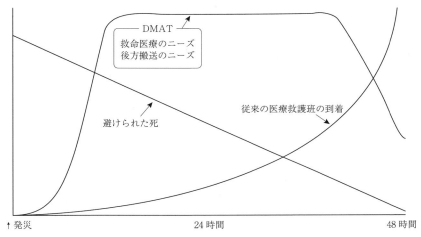

図 5 - 3　DMAT の意義

出所：阿南英明編著（2021）『これだけ！　DMAT 丸わかり超ガイド』中外医学社より一部筆者改変。

こうした背景から，災害時の医療を展開するための知識と技能を事前に教育するとともに，常時 DMAT を保有する医療機関はチーム派遣ができるように支援する体制を整えたのである。

　自然災害に限らず航空機・列車事故等の大規模な集団災害において，一度に多くの傷病者が発生し医療の需要が急激に拡大すると，被災都道府県だけでは対応が困難な場合も想定される。そのような時に，専門的な訓練を受けたチームが可及的速やかに被災地域に入り，まず被災地域の保健医療需要を把握し，被災地における急性期の医療体制を確立する。このような災害時の医療活動には，通常時の外傷等の基本的な救急診療に加え，多様な医療チーム等との連携を含めた災害医療マネジメントに関する知見が必要である。

　DMAT の派遣は被災地域の都道府県の派遣要請に基づくものである。ただし，厚生労働省は当分の間，被災地域の都道府県の派遣要請がない場合であっても，緊急の必要があると認める時は，都道府県等に対して DMAT の派遣を要請することができる。DMAT １隊あたりの活動期間は，その機動性を確保する観点から，初動のチーム（１次隊）は移動時間を除きおおむね48時間以内を基本とする。なお，災害の規模に応じて，DMAT の活動が長期間（１週間

など）に及ぶ場合には，DMAT 2次隊，3次隊等の追加派遣で対応することを考慮する。このような2次隊，3次隊や，DMAT ロジスティックチーム[9]の活動期間は，48時間に限定せず，柔軟に対応する。

　現在では，急性期医療だけでなく，亜急性期や慢性期に続く医療や保健に関しても必要な支援を実施できるように知識や技能習得の幅を拡大している。新たに習得するべき技能や反復訓練が必要な内容を学ぶ機会として DMAT 技能維持研修がある。取得した DMAT 隊員資格は5年に一度更新が必要であり，その間に2回以上同研修を受講することが義務づけられている。さらに，従来地震災害を中心に体制を構築してきたが，近年頻発する水害，土砂災害や火山噴火，また，自然災害に原子力施設が関連した場合など，放射線災害などに関する最低限の知識取得や対応の柔軟性が求められている。

3　災害時における対応の基本方針

（1）災害医療支援の流れ

　災害超急性期（発災〜2日）においては，DMAT 等による支援が中心となる。大規模災害発生時には，都道府県からの要請に基づき，非被災都道府県の DMAT 等が派遣され，SCU や災害拠点病院等の活動に従事することになる。災害超急性期において被災地に参集する DMAT 等を円滑に受け入れ，SCU や災害拠点病院等において適切に活動できるよう，配置調整等を行う体制の充実が必要である。また，空路による DMAT 等の参集だけでなく，陸路参集する DMAT 等医療チームの受け入れ体制の整備も必要となる。

　災害急性期（3日〜1週間）は，日本赤十字社（以下，日赤とする）の救護班や，JMAT[10]，DPAT[11] 等による支援が中心になる。独立行政法人国立病院機構の医療班や，独立行政法人国立大学病院による支援も受け入れられる。DMAT の活動は段階的に縮小する一方，他都道府県が編成した医療チームによる支援が始まる。日赤救護班，JMAT，DPAT 等の支援を円滑に受け入れるためには，日赤都道府県支部，都道府県医師会等の関係団体と，都道府県災害対策本部において密接に連携する体制整備をさらに進めることが必要である。二次医療圏

表5-2 災害医療支援の流れ

発災後の期間	中心となる医療処置	中心となる支援団体
災害超急性期 （発災〜2日）	・災害拠点病院に重症患者を集め，救命安定化治療 ・広域医療搬送 ・被災地外拠点病院での根本治療	・DMAT 等による支援が中心 ・SCU や災害拠点病院等の活動に従事
災害急性期 （3日〜1週間）	・被災地内災害拠点病院やその他の病院での治療 ・必要に応じて広域搬送 ・小外傷処置，骨折治療，点滴等	・DMAT の活動は段階的に縮小する一方，他都道府県が編成した医療チームによる支援が始まる ・日本赤十字社の救護班や，JMAT，DPAT 等による支援が中心 ・ネットワーク体制の連携強化を推進
災害亜急性期 （1週間〜以降）	・避難所に併設された医療救護所での治療 ・投薬，小処置，公衆衛生活動	・他都道府県が編成した医療チームによる支援が中心

出所：筆者作成。

単位等で円滑に医療資源の需給調整等を行うコーディネート体制を整備するため，災害医療コーディネーターを中心とした関係機関によるネットワーク体制の連携強化を推進していく必要がある。

　災害亜急性期（1週間〜以降）以降は，他都道府県が編成した医療チームによる支援が中心になる。特定非営利活動法人日本災害医療支援機構（JVMAT^{ジェーブイマット}）や，NPO 団体等の支援も受け入れる。

　どの期においても，各医療圏において参集した医療チーム等を円滑に受け入れ，適切に配置調整するコーディネート体制の整備が必要である。

（2）急性期

　災害発生時における医療救護活動においては，同時に多数の負傷者等が発生して，医療の「需要」が急速に高くなっていくのに対し，被災地内では医療機関自体も被災するため，相対的に医療資源の「供給」が著しく低下する。このような状況下では，被災地の医療機関の状況や傷病者の情報等を正確に収集し，活用可能な医療資源を把握したうえで適切に投入していくことが重要となるため，災害医療支援室等の調整組織を迅速に立ち上げ，DMAT 等の出動要請や

災害医療情報の収集等の活動を一刻も早く開始する必要がある。

　急性期においては，災害医療支援室の総合調整のもとに被災した都道府県内のDMATや医療救護班の出動要請・配置調整等を行う。また，多数の重症患者が発生するなど，県内の災害医療体制では対応が困難と考えられる場合には，国や他の都道府県等に対して，DMATや医療救護班等の派遣要請・受け入れ調整を行う。

　災害により被災地内の医療機関では対応できない重症患者や特殊な医療を要する患者が発生した場合には，被災地外の災害拠点病院や大学病院等に搬送し，治療を行う。また，重症患者が多数発生するなど，ヘリコプター等による患者等の搬送が必要となった場合には，広域医療搬送拠点の決定やSCUの設置を行い，円滑な広域医療搬送が行われるよう調整する必要がある。

（3）亜急性期

　災害医療コーディネーター[12]は，急性期から，最終的に被災地の医療体制が復旧するまで，被災地における災害医療体制の統括を行うが，特に亜急性期への移行期においては，DMATから次の医療救護班への円滑な引き継ぎができるよう，DMATの活動報告書や活動報告会等で集まった情報を地域医療救護活動支援室にフィードバックする。

　大規模災害における亜急性期は，「感染症対策期」「保健医療期」とも呼ばれ，多数の被災者が長期間，避難所などの不十分な環境での生活を強いられるため，循環器疾患，呼吸器疾患，感染症など種々の疾病に罹患する危険が高まり，この時期には多科にわたる診療が必要となる。また，被災者に対する食事・睡眠・排泄・褥瘡等のケアや精神的不安に対するメンタルヘルスケアについても求められる。そのため，医療救護班，健康管理チーム，精神保健医療班（こころのケアチーム）等のチーム間で情報を共有し，多職種が連携した健康管理体制が必要となる。

　また，高血圧，糖尿病，不整脈などの慢性疾患を有する避難患者は，投薬治療が中断すると症状を悪化させることになるため，できる限り投薬治療を継続するよう心がける。慢性疾患を有する患者は，急激な環境の変化や過剰なスト

レスに弱く，症状の悪化を招くことがあるので，避難所での生活が長期化する場合は，疾病の特質に応じて避難所における生活環境に配慮するとともに，必要に応じてこころのケアを行うようにする。各医療機関は，急性期において搬送された被災者について，症状に変化を来すことがある場合は早期発見し，適切な受け入れ先へと引き継ぐことに留意する。

4　災害医療とソーシャルワーク

（1）災害医療におけるソーシャルワークの位置づけ

　災害時に重要なことは，時間・時期に応じた適切な対応・支援，すなわちフェーズを意識したソーシャルワーク実践の視点である。災害時は発災後，刻々と災害状況が変化し，それに応じた対応が必要となる。たとえば，阪神・淡路大震災の際では，発災当日，救出・救助された604名のうち486名が生存救出（80.5%）されているが，2日目には452名のうち129名しか生存救出（28.5%）することができていない。発災後3日目ともなると，238名のうちたったの14名（5.9%）であったという報告がある。このことから，発災後いかに早く救出・救助を行うかが重要となってくることがわかる。ソーシャルワーカーは速やかに要援護者の安否確認や相談対応を行うことが求められる。相談の内容は病気に関することから被災中の介護保険利用等多岐にわたる。発災後は特に混乱している状況であるため，冷静な対応が求められる。また，安否確認を行う中で，散らかった家屋の片づけを支援しなければならない場面も想定される。その他，避難所移行期には，保健師やケアマネジャー等が要援護者に対し，スクリーニング（ふるい分け）を行い，今後の避難生活に関するアセスメントやニーズ把握を通して，適切な対応を行っている。発災後，特にソーシャルワーカーは見過ごされがちな要援護者をいち早く発見し，その時期に応じたアセスメントやニーズ把握を行い，直接死・震災関連死を防ぐための支援・調整を行うことが求められる。

（2）DWAT（災害派遣福祉チーム）

　災害派遣福祉チームは，DWAT と呼ばれ，「DMAT の福祉版」といわれる福祉専門職で構成するチームである。災害では人命をどう守るかということが最重要課題であるが，次の段階として災害による間接的な被災から命を守る二次災害防止，すなわち災害による関連死を防ぐことや社会生活の再建につなげていく，二次被害防止が重要となる。その期間は一次被害が想定される期間よりはるかに長いため，災害派遣福祉チームの整備も重要である。

　注
(1)　平常時なら実施されるはずの適切な急性期治療が，災害時には機能しないことがある。すなわち，その地域や病院が非災害時の環境・診療体制であれば，救命できたと考えられる死亡のことを防ぎえた災害死という。
(2)　三澤寿美・太田晴美編（2018）『災害看護──寄り添う，つながる，備える』学研メディカル秀潤社。
(3)　重森健太・横井賀津志編（2019）『地域リハビリテーション学（第2版）』羊土社。
(4)　浅野直也ほか（2015）「災害派遣医療チーム（DMAT）における理学療法士の支援活動」『理学療法ジャーナル』49（3），197〜204頁。
(5)　EMISホームページ（https://www.wds.emis.go.jp/　2022年12月1日閲覧）。
(6)　厚生労働省「災害拠点病院一覧」（https://www.mhlw.go.jp/content/10800000/000773371.pdf　2022年12月1日閲覧）。
(7)　阿南英明編著（2021）『これだけ！　DMAT　丸わかり超ガイド』中外医学社。
(8)　一般社団法人日本集団災害医学会編『DMAT　隊員テキスト』へるす出版。
(9)　DMAT ロジスティックチームは，厚生労働省が実施する DMAT ロジスティックチーム隊員養成研修を修了した者で構成され，都道府県庁や被災地域に設置される医療活動本部業務において，情報収集・分析や医療チームの指揮調整などの本部活動を行うチーム。
(10)　JMAT は，日本医師会が組織する災害医療チーム。各都道府県の医師会でそれぞれチームを編成しており，災害時に被災地の医師会から要請を受けて派遣される。避難所を中心に医療活動を行い，被災者の命と健康を守り，地域医療の復興を支援している。
(11)　DPAT は，精神科医師，看護師，業務調整員（医師，看護師以外の医療職および事務職員）で構成され，自然災害等の大規模災害時に，知事の要請に基づき，被災地域において専門性の高い精神科医療の提供，精神保健活動の支援を行うチーム。
(12)　災害医療コーディネーターは，災害時に都道府県並びに保健所および市町村が保

健医療活動の総合調整等を適切かつ円滑に行えるよう，被災地の保健医療ニーズの把握，保健医療活動チームの派遣調整等に係る助言および支援を行う。都道府県の保健医療調整本部に配置される者を都道府県災害医療コーディネーター，保健所または市町村における保健医療活動の調整等を担う本部に配置される者を地域災害医療コーディネーターと呼称する。

(13)　「神戸市消防局　阪神・淡路大震災　消防職員手記」（https://www.city.kobe.lg.jp/a10878/bosai/shobo/hanshinawaji/syuki/index.html?q　2022年12月 1 日閲覧）。

第6章

避難所における保健活動

　2016（平成28）年の熊本地震では，人的被害のうち直接的な被害を受けて死亡した人の約4倍，災害関連死が生じた。避難生活の疲れやストレス，環境の悪化などにより体調を崩すなど住民の災害関連死を防ぐためにも，保健活動は災害発生前から考え準備していかなければならない。

　そこで本章では，感染症を予防するための基礎知識，避難所生活で問題になる栄養不足や過栄養などの栄養管理，避難所の衛生管理と安全管理，また車中避難者や高齢者のエコノミークラス症候群の発生を防ぐための運動や，暑い時期の避難所生活や復興作業の熱中症対策を含む避難所における健康管理についても理解を深める。

> キーワード　感染症予防　栄養管理　運動　衛生管理・安全管理　熱中症対策

1　避難所での感染症予防

（1）避難所の様子

　一般的に避難所での集団生活では，感染性胃腸炎などの消化器系感染症やインフルエンザなどが流行しやすくなる。2011（平成23）年3月11日に発生した東日本大震災では，災害発生から6日目，上空に寒気が入り込み，仙台市の日中の気温は1.7度，積雪は6センチメートルと真冬のような寒さになった。ガソリンや灯油の供給が滞ったため，避難所では灯油が底をつきそうになり，ストーブの使用ができなくなるところもあった。疲れがたまっている中で急に寒

くなり，高齢者や子どもを中心にかぜをひく人が増え，インフルエンザの流行もみられた。布団を重ねて寒さをしのぎ，断水で水が足りないため予防の手洗いも十分にできず，寒さでトイレが近くなり，余震も頻繁な中，体育館では咳が響き，夜中に何度も目が覚めるような状況が続いていた。[(2)]

（2）避難所開設時からの感染症予防

　避難所における感染予防は，発災前から準備し，避難所開設時からすぐに始める。はじめに，避難所の運営に従事する人は，自らが感染者とならないよう十分注意することを念頭に置かなければならない。感染症の流行時は，避難所内ではマスクを常時着用し，こまめな手洗いや手指消毒を励行する。[(3)]

　事前の避難所設定は1世帯あたりの居住空間を広めにとり，人と人との距離をできるだけ離し，距離をとることが不可能であれば仕切り板などを利用する。人の密集が予想されるトイレ，洗面所，携帯電話の充電場所などでは，2メートル程度の距離が確保できるよう工夫する。

　次に，避難者が避難所に到着し，受付をする際は，発熱・咳・発疹・下痢・おう吐などの有無について確認する。この健康チェックは毎日評価する（表6-1）。さらに，「熱がある，咳・鼻水・咽頭痛がある，全身がだるい，寒気，頭痛，関節痛，筋肉痛があるなどの症状がある場合は，すぐにスタッフにお知らせください」というような言葉がけを行ったりポスターを掲示する。感染症の広がりを最小限にするために，体調不良者は確実に医師への受診につなげていく。

　一方で，避難所で発熱や症状のある人は，一般の人の居住スペースとは別の棟や階で生活できるように配置する。トイレなども一般の人とは別にすることが望まれる。

（3）感染症予防策

　避難所での一般的な感染予防策としては，手指衛生や咳エチケットなどの標準予防策に加えて，新型コロナウイルスやインフルエンザについては飛沫感染予防策が有効とされる。感染症の流行が予想される際は，マスクとアルコール

表6-1　避難所における健康チェック表の例

健康チェック項目	月　　日	月　　日
発熱はありますか？	はい・いいえ 体温　（　　　　　）	はい・いいえ 体温　（　　　　　）
息苦しさはありますか？	はい・いいえ	はい・いいえ
咳やたんはありますか？	はい・いいえ	はい・いいえ
全身倦怠感はありますか？	はい・いいえ	はい・いいえ
おう吐や吐き気はありますか？	はい・いいえ	はい・いいえ
下痢の症状はありますか？	はい・いいえ	はい・いいえ
その他　気になる症状がある場合は記入してください。		

出所：筆者作成。

消毒薬の設置場所を増やし，避難所内の放送やポスターで予防行動を呼びかける。室内の換気は，常時もしくは1時間に2回程度行う。エアコンを使用する部屋でも，窓や扉を開けて換気する。寒い日の換気，暑い日の換気は利用者の中で換気のルールを作っておくと徹底しやすい。換気扇のある部屋では，換気扇を常時使用することも有効であるとされている。

　また，配給の列などは，密にならないように時間差をつけて集まるように計画を立てることや，食事の時間帯はマスクを外すことから，換気を行うなど配慮することも欠かすことができないだろう。

（4）ノロウイルスが疑われる際の消毒方法

　2007（平成19）年3月の能登半島沖地震後のある避難所では，地震発生から4日後に避難者2人が腹痛，おう吐，下痢を発症した。この避難所には74人（このうち高齢者61人）が避難しており，その後，胃腸炎の症状は31人まで増加した。誤嚥性肺炎を発症し，入院した避難者もいた。この避難所の便からはノロウイルスが検出されている。[4]

　感染の疑われる人のおう吐物や便の消毒方法を確認しておこう。ノロウイルスはアルコール消毒が効かない。このため，市販の漂白剤を薄めた塩素消毒液を使用する。また，ノロウイルスは，乾燥すると空中に漂い，口に入って感染

表 6 - 2　市販の漂白剤の希釈方法と注意点

製品の濃度	消毒や拭き取り 200ppm の濃度の塩素消毒液		おう吐物などの廃棄 1,000ppm 濃度の塩素消毒液	
	液の量	水の量	液の量	水の量
12%	5mℓ	3ℓ	25mℓ	3ℓ
6 %	10mℓ	3ℓ	50mℓ	3ℓ
1 %	60mℓ	3ℓ	300mℓ	3ℓ

注：次亜塩素酸ナトリウムを水で薄めて塩素消毒液を作る。消毒液は保管せず，その都
　　度作り，残ったら誤飲などを避けるため捨てる。
出所：厚生労働省「冬は特にご注意！　ノロウイルスによる食中毒」。

することがあるため，速やかに，丁寧に消毒を行うことも意識をしておく。[5]

　おう吐物の消毒のポイントは以下の通りである。

①　消毒作業をする人は，使い捨てのマスクやガウン，手袋などを着用する。
　200ppm の濃度の塩素消毒液を作る（表6－2）。周囲の人は，感染を防ぐ
　ため他の部屋などに移ってもらうよう言葉がけをする。
②　新聞紙，ペーパータオル等でおう吐物を覆い，塩素消毒液を静かにかけ
　て浸す。その後，拭き取りと消毒を繰り返す。塩素消毒は汚染された場所
　の周囲を含めて広めに行う。
③　最後に水拭きをする。次亜塩素酸ナトリウムは金属腐食性があるため，
　金属部（ドアノブなど）消毒後は十分に薬剤を拭き取る。
④　拭き取ったおう吐物や使用した手袋等は，ビニール袋に密閉して廃棄す
　る。その際，ビニール袋の中に 1000ppm の塩素消毒液を入れて浸す。
⑤　最後に自分自身が感染しないよう手洗い，うがいをしっかり行う。

2　避難所での栄養管理

（1）避難所の様子

　東日本大震災の一部の避難所では，10日が経過しても生活物質が行き届いて
いなかった。ある避難所では食料が不足しており，夕食を配給できない日が2

日も続いたという。10日目の朝食はおにぎりが1人1個と即席カップ麺が1世帯に1個だけとなったが，それでも，避難所や避難所周辺の住民は配給開始の3時間前から列をつくるような状況であった。⁽⁶⁾

　2018（平成30）年7月の西日本豪雨災害では，被災直後から避難所を中心に被災者への食事提供が始まった。ボランティア等が提供する炊き出し以外の食事は，連日類似したおにぎりやパン，弁当，缶詰，インスタント食品であったため，長期化する被災者への栄養面，健康面への配慮，精神的なストレス緩和に向けた対策が必要であった。⁽⁷⁾

（2）栄養不良

　断水や停電が続く場合は，おにぎりやパンなど糖質が主の食事しかできない場合が多い。災害直後の食料確保が十分でない時期のエネルギー補給にはおにぎりやパンは活用できるが，長期間になるとたんぱく質とカロリー不足の問題が生じる。また，低栄養状態が続くと体調を崩しやすくなり，感染症にもかかりやすくなる。国立健康・栄養研究所では，災害時の健康・栄養についての目安をまとめている（表6-3）。

　特に，肉，魚，野菜，果物等が不足しないようにできる限り留意する（表6-4）。しかし，2018（平成30）年7月の西日本豪雨災害後の倉敷市真備町地区の避難所では，衛生面から生野菜のサラダなどの生鮮食品は提供されていない。また，極度の緊張や疲労から，空腹を感じない，食欲が出ない精神状況も考えられる。ほっと一息つけるような食事のあり方，野菜類を補うための手立てとして，何が活用できそうか，どのような取り組みができそうか事前に考えておくことが改善につながるだろう。

（3）過栄養

　食事の確保，低栄養が心配される一方で，支援物資は，レトルトパウチなどの調理加工食品，菓子パン，おにぎり，即席カップ麺が多く，炭水化物の摂取過剰につながる可能性がある。また，弁当等が続くことで揚げ物を多くとりすぎる傾向があり，濃い味つけ，野菜不足等の食事の問題も生じてくる。支援物

表6-3　避難所における食事提供の計
画・評価のために当面目標とする
栄養の参照量　（1歳以上，1人
1日あたり）

エネルギー	2,000kcal
たんぱく質	55g
ビタミンB_1	1.1mg
ビタミンB_2	1.2mg
ビタミンC	100mg

出所：国立健康・栄養研究所「災害時の健
康・栄養について」（http://www.nih.go.
jp/eiken/info/info_saigai.html　2023年4
月1日閲覧）。

表6-4　避難所における1日あたりの摂取量の目安，食品構成例

食品群	単位：g	食品例
穀類	550	おにぎり，パン
芋類	60	ふかし芋，干し芋
野菜類	350	コーン缶詰，レトルト野菜料理，切り干し大根，レトルトスープ
果実類	150	りんご，バナナ，みかん，果物缶詰
魚介類	80	魚の缶詰，魚肉ソーセージ
肉類	80	ハム，ソーセージ
卵類	55	ゆで卵
豆類	60	納豆，豆の缶詰
乳類	200	牛乳，ヨーグルト，チーズ
油脂類	10	

出所：国立健康・栄養研究所「災害時の健康・栄養について」（http://www.nih.go.jp/eiken/info/
info_saigai.html　2023年4月1日閲覧）を参考に筆者作成。

資にはお菓子やジュース等の嗜好食品も多く，肥満，むし歯等の増加も報告さ
れている。特に，幼児や子どもは，お菓子や菓子パン，ジュースばかりを好み，
食事をとらなくなった事例もあることから，おやつは時間を決めて食べさせる
など，普段の家庭のルールに沿って過ごさせたい。

（4） 食事に気をつけなければならない人への配慮と食中毒への対策

　東京都が2019（令和元）年度に行ったアレルギー疾患のある子どもに関する調査結果によると，幼稚園など子どもを預かる施設のうち，食物アレルギーのある子どもが在籍している割合は約8割であった[8]。

　災害時に食物アレルギーの人を把握できるようにするためには，どのような取り組みがあるだろうか。ひとつは，表示カードや名札シール，ビブスを利用する方法が考えられている。除去食の内容（卵と小麦は食べられない）やアドレナリン自己注射薬（エピペン®）を携帯していることなどの情報を避難者個人カードに書く欄を作り，相談してもらうことで，アレルギー対応食の支援が受けられるようにする。

　食物アレルギーのある人には，お弁当などで調理に使っている食材を詳しく伝えることも必須になる。汁物に含まれる和風だし（さば，えび等）やコンソメ・スープ類（卵・牛乳等），味噌・醤油（大豆），バターなどの調味料にもアレルギーを起こす成分が入っていることがあるため注意しなければならない。

　また，2018（平成30）年7月の西日本豪雨災害では，7月下旬に物資，食事に関する課題を解決するため，プロジェクトチームが設置された。管理栄養士を配置し，食事を適正な温度で保管するためのプレハブ倉庫が設置され，安全衛生面，品質管理が徹底された。これらの取り組みにより，夏の暑い時期であったが，食中毒の発生はゼロであった[9]。

（5） 孤食や孤立を防ぐ取り組み

　避難所では様々な人が避難してくるが，特に独居高齢者等，ひとりで避難してきた被災者の孤立を防ぐ取り組みが重要となる。特に食事に関しては，これまでにも食堂への促しをしながら，できる限り，皆で食事がとれる環境づくりを進めてきた事例がある。また，支援団体や地元団体と連携を図り，日中，お茶が飲めるスペースを設けた事例等がある。これらは孤食，孤立を防ぐために有効であり，被災者間でのコミュニケーション，関係性の構築を促すことに貢献している。このように福祉専門職は「食を通して，被災者間の関係を育み，決して避難所の中で孤立させない」ことを意識しながら支援を展開する必要が

ある。

　そして，避難所での食事が充実することは，健康管理の面だけでなく，「おいしいね」と笑顔になることができたり，周囲から支えられている安心感を得られたり，精神的な緩和にもつながるだろう。

3　避難所内の衛生管理と安全管理

（1）生活環境

　東日本大震災では，小学校の体育館は一次避難，二次避難の場所であった。ある小学校では地震の後，校庭に避難した児童と職員は，寒さや雪のため二次避難として体育館に移動した。近くの工場からも働いている人々が体育館に避難をした。体育館に入る際，靴を脱ぐべきか判断もできず，靴の裏についた汚れをとる余裕もなく，体育館も校舎内も土足で過ごすことになった。

　しかし，本来であれば避難所での土足は不衛生になるため，居住区域は土足厳禁を徹底するべきである。一度，土足で入った場所は，その後の断水や生活用水の不足で水拭きなどの掃除ができないことも考えられる。一方で，水害の際には足元は泥だらけの状態で避難所に来ることになる。足洗場を準備することも検討しなければならないだろう。

　西日本豪雨災害後の倉敷市では，避難所の体育館や教室等の床の上にマットを敷いて，日常生活をしていたが，長期の避難が必要となり，心身両面の負担軽減やエコノミークラス症候群の予防など，避難所の生活環境の改善のため，すべての避難所に段ボールベッドが設置された[10]。

　段ボールベッドの設置とともに，避難者のプライバシーを確保するため，家族を単位として仕切り，専門家の指導のもと，柱と布で間仕切りも設置された。段ボールベッドの導入は，起きたり座ったりが楽になり，床のほこり等を吸い込まないなど，避難所における生活環境の改善につながった。さらに，間仕切りは，コロナ禍後の災害である球磨地方豪雨災害で大幅に導入された。間仕切りにより家族の占有場所が明示され，プライバシーの確保や，感染症対策など生活環境の改善に著しく有効であったとされる[11]。

（2）トイレの衛生管理

　トイレで汚染された履物を介して感染が広がる可能性があるため，トイレでスリッパに履き替えることを徹底する。利用者の数に応じた手洗い場とトイレを設置する。この際，トイレから手洗い場までの距離が離れていると，手洗いが徹底されないことが考えられるため，手洗い場とトイレはなるべく近くに設置する。東日本大震災では，１か所あたりの65歳以上の割合は約42％と高く，要介護者は平均2.2人，障害者は平均2.5人であった。移動の難しさや手すりがないなど，高齢者は歩行が困難でトイレを使いにくい状況も40％余りの避難所で確認されている。居住区域から近く，段差がなく，広めのトイレを高齢者，配慮を要する人の使用を想定して設置する。

　また，トイレの設置については，性的少数者が利用しやすい環境や女性や子ども等が安心して利用できる防犯上の観点も考えなければならないだろう。トイレの個数は何個あればよいのか，昼夜問わず安心して使用できる場所はどこなのか。個々の避難所で避難者のニーズに沿って臨機応変に対応していくことが求められるだろう。

　トイレの衛生管理のポイントは以下の通りである。

① 　誰もが気持ちよくトイレを使うために，女性もリーダーシップを発揮できる避難所運営体制にする。
② 　感染症を予防するために手洗い水の確保や手洗いを徹底する。
③ 　体育館などの室内のトイレでは，専用の履物を用意する。
④ 　便袋を使用する場合は，汚物処理の方法を徹底し，汚物の保管場所を確保する（便袋の保管はできる限り，雨水で濡れない場所を選択することが望ましい）。
⑤ 　感染症患者が出た場合には，専用のトイレを設ける。
⑥ 　避難者の中から，トイレの責任者と掃除当番を決める。
⑦ 　ボランティア等の力を借りて，衛生的なトイレ環境を維持するよう努める。

（3）屋外の衛生管理

　気温の上昇に伴って，避難所のゴミ集積場や水たまりのまわりなどでは，蚊やハエなどが発生しやすくなる。お互いに声をかけ合い，分担を決めて，定期的に，ゴミ集積場を含めた避難所全体を清掃する。ゴミは定期的に収集して，避難所外の閉鎖された場所において管理する。

（4）避難所の環境改善のために

　内閣府「男女共同参画の視点からの避難所運営等の災害対応」[14]をもとに，男女共同参画の視点に立った避難所運営を行う。避難所のリーダーや副リーダーに，女性と男性の両方を配置する，女性専用の洗濯干し場を設置する，性犯罪防止のために，防犯ブザーの配付をする，相談窓口を設けるなど，女性や子ども等の視点から，避難生活における困り事や不足物資を聞き取り改善していくことが求められている。

4　避難所での健康管理

（1）避難所での運動

　自分のスペースが限られた避難所や車での避難生活，新しい仮設住宅での生活は，体を動かす機会が減ることで，特に高齢者の場合には，筋力の低下や関節が固くなるなどして，徐々に動けなくなることがある。東日本大震災後，一部の避難所でエコノミークラス症候群の傾向を調べたところ，検査した避難者の4人に1人の割合で，ふくらはぎなどに静脈血栓がみつかった。その理由については，避難直後から脱水状況の人が目立ち，さらに水を飲むのを控えた人が多かったためと考えられている。[15]

　足の血栓は，肺に流れ込んで血管に詰まると生命にかかわる危険性がある。車での避難生活者に対しては，見回りの際にエコノミークラス症候群に注意するように言葉がけを行うとともに，予防策が書かれたパンフレットを配布する。予防策として，長時間同じ姿勢をとらない，1時間に一度，かかとの上下運動をする，こまめに水分を補給するなどのことを促す。また，避難所では，高齢

者が歩きやすい通路を確保する，身の回りのことは支援者がやりすぎず，なるべく自分で行うようにする，可能な作業に参加するなど声をかけ合って，積極的に体を動かすようにするなどが考えられる。

運動の啓発と一般的指導のポイント[16]は以下の通りである。

① 「できるだけ歩きましょう。動きましょう」だけでなく，具体的な指導をする。
② 「日中横にならないように」との指導を行う。
③ 散歩・スポーツなどフィットネスの向上を促す。
④ 避難所での通路の確保，一人ひとりに役割をつくる。

（2）熱中症予防

2018（平成30）年7月の西日本豪雨災害では，全国から大勢のボランティアが駆けつけた。しかし，気温が35度以上，強烈な日差しと蒸し風呂のような暑さが復旧作業を阻んでいた。水を含んだ家具や畳は想像以上に重く，運ぶのは一苦労で，その他，土砂をシャベルで取り除く作業なども重労働であった[17]。

ボランティア参加者は氷袋を頭や首筋に当てたり，こまめに水分補給をしたりして暑さをしのぎながらの作業であったが，熱中症とみられる症状（表6-5）を訴えるボランティアが相次いだ[18]。2018（平成30）年度の都道府県別人口10万人あたりの熱中症による救急搬送人員は岡山県が最も多くなった[19]。

暑い時に運動や活動をすると，汗をかいたり，皮膚の表面から外気への放熱をしたりすることで平熱に保たれている。しかし，熱がうまく放出されないと，体内の血液の流れが低下し，体に熱がたまり，体温が急激に上昇し，熱中症が起こる。熱中症には環境，身体の状況，行動が関係してくる。

環境は気温が高い，湿度が高い，風が弱い，日差しが強い，閉め切った室内，エアコンがない，急に暑くなった日などの条件が重なると熱中症を引き起こす可能性が高くなる。また，身体の状況は，高齢者，乳幼児，肥満傾向，持病がある人は注意を要する。さらに，夜眠れていない，疲れているなどその日の体調が関係する。災害時は特に通常とは体調が異なることが考えられる。行動面

表6-5　熱中症の症状

区　分	症　状
Ⅰ度（軽症）	めまい，立ちくらみ，生あくび，大量の発汗，筋肉痛，こむら返り
Ⅱ度（中等症）	頭痛，おう吐，倦怠感，虚脱感，集中力や判断力の低下 少しでも意識がおかしい場合は，Ⅱ度（中等症）以上と判断しすぐに病院へ搬送する
Ⅲ度（重症）	意識がない場合など（救急隊員や病院到着後の診察・検査により診断される）

出所：環境省「熱中症環境保健マニュアル2022」（https://www.wbgt.env.go.jp/heatillness_manual.php 2023年4月1日閲覧）を参考に筆者作成。

表6-6　暑さ指数（WBGT）に応じた活動

暑さ指数（WBGT）による基準域	注意すべき生活活動の目安	日常生活における注意事項	熱中症予防活動指針
危険 31以上	すべての生活活動で起こる危険性がある。	高齢者においては安静状態でも発生する危険性が大きい。	特別の場合以外は活動を中止する。
厳重警戒 28以上31未満		外出時は炎天下を避け，室内では室温の上昇に注意する。	熱中症の危険性が高いので，激しい活動や体温が上昇しやすい活動は避ける。 10分から20分おきに休憩をとり水分・塩分を補給する。
警戒 25以上28未満	中等度以上の生活活動で起こる危険性がある。	激しい作業をする際は定期的に充分に休憩を取り入れる。	重労働では30分おきくらいに休憩をとる。
注意 25未満	強い生活活動で起こる危険性がある。	一般に危険性は少ないが，重労働時には発生する危険性がある。	熱中症の兆候に注意するとともに，活動の合間に積極的に水分・塩分を補給する。

出所：表6-5と同じ。

では，慣れていない運動，長時間の屋外作業，水分が補給しにくい状況が関係する。復旧作業は熱中症になりやすい状況であることが考えられるだろう。[20]

　熱中症の対処としては，まず，涼しい場所に移動し，衣服を緩め，水分と塩分を補給する。濡らしたタオルやハンカチで身体を覆って，うちわや扇風機で風を当てる，保冷剤や冷えたペットボトルなどで首，わきの下，股関節部を冷

やす。おう吐や吐き気などで水分補給ができない場合，処置をしても症状が改善しない場合は，病院に搬送する。[21]

熱中症の予防のポイント[22]は以下の通りである。

① 環境条件を把握する。暑さ指数（WBGT）を参考にして活動を決める（表6-6）。
② 30分に1回以上の休憩と水分補給をする。日陰等の涼しい場所を確保する。
③ タイムキーパーを決めて，複数人で作業を行う。
④ 個人の条件や体調を考慮する。
⑤ 服装は，透湿性や通気性のよい素材の服を選び，帽子をかぶる。
⑥ 具合が悪くなった場合には早めに対処する。

注
(1) 熊本県「平成28（2016）年熊本地震等に係る被害状況について【第330報】」（https://www.pref.kumamoto.jp/uploaded/attachment/200527.pdf 2023年4月1日閲覧）。
(2) 河北新報社編（2011）『河北新報特別縮刷版 3.11東日本大震災 1カ月の記録』竹書房。
(3) 厚生労働省（2021）「新型コロナウイルス感染症対策に配慮した避難所開設・運営訓練ガイドライン」。
(4) Nomura, K., Murai, H., Nakahashi, T., Mashiba, S., Watoh, Y., Takahashi, T. et al. (2008) "Outbreak of norovirus gastroenteritis in elderly evacuees after the 2007 Noto Peninsula earthquake in Japan", *Journal of the American Geriatrics Society*, 56, pp. 361-363.
(5) 厚生労働省「ノロウイルスに関する Q&A」（https://www.mhlw.go.jp/stf/seisakunitsuite/bunya/kenkou_iryou/shokuhin/syokuchu/kanren/yobou/040204-1.html 2023年4月1日閲覧）。
(6) (2)と同じ。
(7) 倉敷市（2020）「平成30年7月豪雨災害から復興への記録〜被災からの歩み〜」。
(8) 東京都（2020）「令和元年度 アレルギー疾患のある子供に関する調査結果 3歳児全都調査・子供を預かる施設を対象とした施設調査」（https://www.metro.tokyo.lg.jp/tosei/hodohappyo/press/2020/10/22/02.html 2023年4月1日閲覧）。

⑼　⑺と同じ。

⑽　⑺と同じ。

⑾　⑺と同じ。

⑿　⑵と同じ。

⒀　内閣府（2022）「避難所におけるトイレの確保・管理ガイドライン」（令和 4 年 4 月改定）（https://www.bousai.go.jp/taisaku/hinanjo/pdf/2204hinanjo_toilet_guideline. pdf　2023年 4 月 1 日閲覧）。

⒁　内閣府男女共同参画局「男女共同参画の視点からの避難所運営等の災害対応について」（https://www.gender.go.jp/policy/saigai/pdf/2016_saigaitaiou.pdf　2023年 4 月 1 日閲覧）。

⒂　⑵と同じ。

⒃　厚生労働省老健局老人保健課「東北地方太平洋沖地震による避難生活に伴う心身の機能の低下の予防について」（平成23年 3 月29日付事務連絡）（https://www. mhlw.go.jp/stf/houdou/2r98520000016tyb-img/2r98520000016w0j.pdf　2023年 4 月 1 日閲覧）。

⒄　⑺と同じ。

⒅　⑺と同じ。

⒆　内閣府（2018）『平成30年版防災白書』。

⒇　環境省（2022）「熱中症環境保健マニュアル2022」（https://www.wbgt.env.go.jp/ heatillness_manual.php　2023年 4 月 1 日閲覧）。

(21)　(20)と同じ。

(22)　⒃と同じ。

第7章

精神保健における災害支援

本章では，災害時の地域精神保健活動のあり方，熊本地震を体験し，各地での被災者支援に関わった経験，災害時に心理専門職等が実施するメンタルケアのあり方を踏まえ，ソーシャルワークが災害時メンタルヘルスに寄与する意義・可能性について考察してみたい。換言すれば，災害時のメンタルケアにおけるソーシャルワーカーの独自性とは何かについての考察である。先行報告では災害時のメンタルヘルスに関する精神医療・心理分野からの報告は散見されるが，ソーシャルワークに関して，メンタルヘルスと社会環境との関連性にフォーカスしたものは少なく，実践報告にとどまる印象である。

カウンセリングや心理療法を中心とした対個人への心のケアのみならず，災害時に起こり得て人の心に影響を与える，社会環境とその力動，社会環境へのアプローチのあり方に力点を置くことこそが，ソーシャルワーカーに求められることではないだろうか。昨今，被災者支援において重要視されているキーワードである「こころのケア」にまつわるソーシャルワークは，支援の対象となる人たちを取り巻く社会環境に注目することなくして成り立たない。

このような問題意識のもと，いくつかのソーシャルワークに関する実践について述べるが，行政機関・制度に基づく関係機関・職能団体等のフォーマルセクターによる支援ケースのみならず，筆者がバックアップしている発達障害当事者団体および筆者が理事長を務める障害学生代弁支援団体が参画したインフォーマルな支援組織である震災支援ネットワーク団体でのソーシャルワークの視点を用いた震災支援活動の実践と，アウトリーチやソーシャルアクションに関しても記述する。

キーワード 災害時のこころのケア 地域精神保健活動 災害時ネットワーク団体

1 災害時のこころのケアとメンタルヘルス

（1）災害時のこころのケアの必要意識の高まりとメンタルヘルス

　1995（平成7）年当時，戦後最大級の災害となった阪神・淡路大震災をきっかけにして，「こころのケア」というキーワードは，医療・心理の専門職だけでなく，マスコミを通じて広く一般の注目を集めるようになった。阪神・淡路大震災が起こったのは早朝であり，多くの人が睡眠時の無防備な状態で，かつ暗闇の中での避難を急に強いられた。また，想像を絶する「破壊」の光景，大切なものや存在の喪失等，ストレスと一言で片づけられないほどの心理的負荷が短時間で次々とやってくる。そして，時間の経過とともに，災害の輪郭がよりはっきりしだすと，大変さがより実感を伴ったものになり，さらに様々な生活の不便さを強いられる等，社会的負荷が重層的に積み重なる。そして特に注目された現象が「PTSD（心的外傷後ストレス障害）」である。

　「それまでPTSDは医師や臨床心理の専門職にとっても決してなじみがある言葉ではなかったが，阪神・淡路大震災で被災者の苦悩が事細かに報道されることによって，まったくコーディネートが行われない状況であったにもかかわらず，個人あるいはチームとして多くの専門職が被災地で活動しようとした。また，精神科医等の専門職でなくとも，多くの支援者は被災者の苦悩を受け止め，支えることができないかという思いを持っていた」などと振り返られるが，2か月後に地下鉄サリン事件もあり，災害や凄惨な事件をマスコミに報道される際にこのPTSDがあわせて語られることによって，多くの人々の同情や共感を呼び，精神医学の診断名としては新参者であるPTSDは今日においては誰しもが知る診断名となった。

　このように，地震によって直接的に大切な人やモノを突然失うことによる急激な心的ダメージと，生活再建に向けて強いられる様々な手続きや段取りに追い立てられる等のストレスとが，相互に影響しあい心理的に追いつめられる。

災害支援では物理的再建に主眼が置かれがちな中で，心的・精神的なケアを重点的に行う必要性を問題提起する言葉として登場したのが「こころのケア」という用語である。

（2）こころのケアの対象と支援のあり方

　災害時に必要不可欠といわれるようになった「こころのケア」だが，そもそも「こころのケア」はどのような人を対象に，誰がどのようなケアをするのか。日本人の生活にはカウンセリング等は根づいていないという現実を踏まえたうえで，より詳細に検討する必要があるとの指摘がある。[4]

　加藤は「震災直後で外傷に対する手当の必然性を感じた者たちが緊急に作り出したという意味で，強い存在必然性を持っている」との中井の指摘を踏まえて，2つの「こころのケア」に関する解釈があるとしている。[5]ひとつは阪神・淡路大震災をきっかけに，被災者支援と強く結びつくことによって，限定的な意味が付与されたとの指摘を踏まえ，精神科医療の関係者は災害や犯罪等で心的外傷（トラウマ）を受けた人への援助，ないしは介入という限定的な意味で用いているという場合である。一方で，災害と関連づけて語られる「こころのケア」という言葉は，広く対象である人間の現実的なニーズを見極め，関連する領域の境界を越えながら，精神医学的あるいは心理学的な治療だけでなく，対象が必要とする支援を，時に本来の役割を踏み越えながら提供していくことが重要であると指摘されている。[6]また，専門書ではなく一般雑誌である『アサヒグラフ』が「阪神大震災1カ月」と題して特集を組んだ時にも林が「こころのケアは心理学や精神医学の専門家にまかせておけばいいということではなく，さまざまな分野の専門家による総合的な支援こそが本当のこころのケアなのである[7]」と述べている。

　つまり，阪神・淡路大震災当時の精神医療関係者の間では「こころのケア」はPTSD等の心的外傷への対応に主眼を置いていたため，精神医療・心理専門職によるケアが強調されがちであったが，その後は災害時の「こころのケア」の支援対象者は広範囲とされ，支援内容も医療・保健・心理・教育・社会福祉等の分野を超えて取り組まれるものであり，場合によってボランティア等

の非専門職，インフォーマルな取り組みまで包括する概念として語られるようになっていった。

　2012（平成24）年の内閣府「被災者のこころのケア都道府県対応ガイドライン」には，こころのケアはコミュニティの維持・再生により対応する心理的支援から，保健師，精神保健福祉士等による見守りによる支援，精神科医による精神疾患への対応等まで幅広い範囲にわたっているとされている。そしてこころのケアの目的は，被災者がコミュニティに帰属しているという実感を得ること等で，心的外傷後ストレス障害（PTSD）やうつ病等を軽減するとともに，生きる活力を得て，復旧・復興に向けて歩き出せるよう支援することとしている。また「ボランティアの方へ――こころのケアについて」と題した項目もあり，ここでも「こころのケア」は専門職者のみで行うものではないという見解が一般市民に対して提示されている。[(8)]

　さらに，ガイドラインでは被災者に必要とされるケアの特性により，こころのケアを３段階に分類している。第１段階が「生活支援，情報提供等により一般の被災者に心理的安心感を与え，立ち直りを促進するためのケア」（主としてコミュニティの維持・再生やコミュニティに帰属しているという実感の醸成による対応）である。第２段階は「精神科医療を必要とはしないものの，家族を亡くし，独居等継続した見守りが必要な被災者に対するケア」（保健師，臨床心理士，精神保健福祉士等専門家による見守り，傾聴，心理教育等による対応を想定）としている。さらに第３段階として「被災により精神科医療が必要となった被災者及び発災前から精神科医療を受けていた被災者に対する診療」（医療機関での対応が必要なケア）と時間の経過に応じた支援内容を想定し，例示している。[(9)]こころのケアというと災害発生以前から精神疾患がある等の災害時要援護者や精神的脆弱性があるとされる人，もしくは PTSD 等の特別な症状に対して限定的に提供されるというイメージを持ちがちだが，災害に遭った人々全般を対象とし，災害によって生じた二次的な社会的問題も視野に入れたものであるだろう。

（３）災害支援者に対するこころのケア

　こころのケアが必要なのは被災者だけではない。災害時に派遣される消防士

や自衛隊員等は，時間との戦いの中で連続して救助活動にかかわることにより強いストレスを受けることになる。たとえば，大地震の後の余震が続く中，自身の身の危険を感じながら救助活動にあたることや，無惨な遺体を目の当たりにし，また救助活動の成果を得られない上に，それを非難され，無力感に苛まされることもある。このような状況から，直接被災してはいないものの，災害支援にあたる者に多様な心理的反応が生じることがあり，これを惨事ストレスと呼んでいる。阪神・淡路大震災以降，惨事ストレスへの対応の必要性が叫ばれるようになり，消防，自衛隊，警察などの組織では対策が立てられてきた一方，医療・福祉関係者への対策は十分に考慮されていない。活動終了時に，精神疾患を発症し，休職や離職に追い込まれる人や，自殺者が出ることもある深刻な問題である。直接被災した人だけでなく，支援者のこころのケアを進めることは，復興にも影響することであり，啓発を行い具体的な対策をとることが重要だといえるだろう。

（4）災害時のこころのケアと周辺領域の支援対象・ニーズの多様性

　災害時にこころのケアが重点的に必要な層として精神障害者や発達障害者等，メンタルヘルスのリスクがもともと高いとされる層を思い浮かべるだろう。しかし，災害前における精神的な脆弱性によるダメージの想定と，災害時における支援の必要性は必ずしもリンクするわけではない。災害とは社会を一瞬にして激変させ，社会機能を一挙に停止に追い込むものである。その結果，人のこころに想像をはるかに超える多様な影響・ストレスをもたらし，そのダメージの度合いやストレス反応もまた多様である。ここでは，それらの多様性を構成する要素についての分類を試みる。まず，「①ダメージの引き金・要因となる『喪失』の多様性」がある。たとえば，熊本地震の際には自宅が全壊し，家族も亡くし，「財産も仕事も一度に失った一家」の隣に住んでいる別の一家は，家財への影響は軽微で，むしろ友人や家族との絆を深めたということもあった。

　次に，「②感受性の多様性」である。喪失の内容や度合いが同程度の状況であっても，喪失に対する受け止め方は様々である。たとえば災害によってペットを亡くした場合でも，「人間が無事でよかった」と感じる人もいれば，ペッ

トは家族同然で家族と同様の喪失感がある人もいるだろう。実際に熊本地震では避難所において，「災害という緊急事態では人間を優先すべきで，ペットを避難所に持ち込むべきではない。場合によってはペットの命は諦めざるを得ない」と主張する人々と，「ペットは家族と同じなので，一緒であることは当然である」という人々とで深刻な対立が生じた。筆者も直接話を聴く機会があったが，ペットとともに紡いできた思い出と歴史がそれぞれにあり，ペットを失うことは死ぬことに等しいと感じる人も多かった。このようにペットの問題ひとつとっても，受け止め方は多様であり，ひとつの問題に関する考え方が分断を引き起こし，助け合うべき人々が対立する構図が生じることによって，さらなるダメージを与え合うことになる。

　さらに，「③被災者のレジリエンスの多様性」という要素がある。レジリエンスとは「柔軟性・弾力性」を表す言葉で，ダメージを受け流し，回復する力を指す。心理的ダメージの量や質を客観的に評価することは難しいが，仮に客観的に受けたダメージが同一だとしても，ダメージからの回復力や回復過程は多様である。自宅が崩壊しても素早く仮設住宅を確保でき，一定の落ち着いた生活を手に入れた人たちも存在する一方で，地震発生から半年以上経っても，車中泊生活が続き，生活面でも心理的にも不安定な状況が続いている人たちもまた存在した。

　さらに災害時ソーシャルワークとして最も注目すべきことは，「④被災者を取り巻く社会環境要因の多様性」である。社会的なつながりに恵まれているかどうかや，本人の個人的要因とのマッチング，支援を受けるための受援力等の要素である。前述したレジリエンスにおいても，ストレッサーの質，個人の特性という個人因子と環境によって表れ方が異なる。個々人の心理的なベースの違いだけでなく，周囲の環境とのマッチングによっても大きく変わる。安定した生活の場を失ったという場合でも，個人の対応力と仮設住宅に移り住むための選択肢や情報量，情報アクセスの違い等によっても大きく変わる。したがって，災害時のこころのケアは「個人」に対する心理的な要素だけでなく，本人を取り巻く社会環境に関する要素に注目しなければならない。災害時において人と周囲の環境との関係性と生活への影響を見立て，それを調整し，長期的な

視野で様々な関係機関と連携しながら生活を立て直すことこそが重要であり，これこそまさにソーシャルワーカーが専門性を発揮し得る部分である。

　また，既存の制度や仕組みでは対応できない場合，災害時という限られた状況の中で，日々移り変わる人々のニーズに即した「新しい社会資源」を迅速に創り出す「ソーシャルアクション」が，「こころのケア」を推し進めていくうえで鍵となる。「こころのケア」について検討する際に，個人に対する心理的治療にとどまらず，災害によって表出した個人の問題・地域の問題を踏まえ，周囲の環境を支えようとする視点，具体的にはモノ・人・制度との関係性を変革し，長期的なウェルビーイングを目指すソーシャルワーカーの働きが期待される。

2　災害時の地域精神保健活動とこころのケアに関する組織的活動

（1）初期対応：外部からの医療支援チーム・福祉支援チーム

　大規模な災害や事故で負傷者等，ケアが必要な人が一度に多く発生した場合，災害発生地域の社会資源の人員や資材等が不足し，ケアを担っている者も被災するため，指揮系統も混乱し，本来あるべき社会資源の機能が麻痺する。緊急かつ迅速にケアが必要な人だけでなく，一見，命に別状のないような被災者でも，時間が経過するとともに，自他ともに予測外の心身の症状が現れることや，その後急変し死に至ることもある。災害現場では，迅速な人命救助のみならず，災害関連死をはじめとした，予後不良を防ぐための迅速かつ適切な対応が必要である。また，災害発生現場において適切な医療活動を行うために専門的訓練を受けた，災害対策基本法に基づく医療チームが DMAT（Disaster Medical Assistance Team）である。

　また，災害前よりメンタルヘルスに課題があった人々の状態が急速に悪化することに加え，突然に起こる重層的なストレス等により，新たなメンタルヘルスの課題が生じる等，精神保健・医療による対応も重要になってくる。災害発生地域での精神保健・医療ニーズを迅速に把握し，地元も含む関係機関との連携のマネジメントが求められる。そのための専門的訓練・研究を受けた医療チームが DPAT（Disaster Psychiatric Assistance Team）である。DPAT は，被

災都道府県からの派遣要請に基づき，被災都道府県等の災害対策本部の指示に基づいて活動することになっており，発災からおおむね48時間以内に，被災した都道府県において活動できる隊を DPAT 先遣隊という。[12]

　DPAT のメンバーは精神科医師，看護師，業務調整員（別名ロジスティックともいい，医師，看護師を除いた医療職および事務職員のこと）で構成されることになっている。ここで着目すべきはソーシャルワーカーが必須のメンバーではない点である。「その他，被災地のニーズに応じて児童精神科医，薬剤師，保健師，精神保健福祉士や公認心理師等を含めて構成すること」という文言があり，熊本地震では精神保健福祉士が業務調整員として参加しているが，災害時の役割は明確にはなっていない。[13]

　一方で DWAT（Disaster Welfare Assistance Team），DCAT（Disaster Care Assistance Team）と呼ばれる災害派遣福祉チームが，東日本大震災においてストレスが原因の震災関連死が相次いだこと等を受け，高齢者・障害者・難病患者・乳幼児等「要配慮者」が避難所において十分にケアが受けられないことを想定し，各地で整備されつつある。熊本地震ではじめて派遣され，社会福祉士・精神保健福祉士・相談支援専門員等のソーシャルワークの心得があるだろうメンバーが配置される傾向にあるが，必置の職種があるわけではないうえに，法的な位置づけも明確ではない。[14]　また，要配慮者への対応を主眼とする等，活動の目的が限定的な傾向にある。全国社会福祉協議会は2019（令和元）年度提言「災害時福祉支援活動の強化のために——被災者の命と健康，生活再建を支える基盤整備を」の中で，災害時の広域支援拠点「災害福祉支援センター」の設置を提言し，2022（令和4）年にまとめた報告書では，医療・保健・福祉が連携して機能しなければ，社会がひっ迫するのにもかかわらず，災害発生時には応急期の救助のための「医療・保健」の提供だけが位置づけられており，「福祉」の提供が位置づけられていない問題を指摘している。[15]　災害支援の仕組みはより困難性が高い者に確実に届くことも重要ではあるが，生命や健康の維持に加え，社会生活を復興するためにソーシャルワークがすべての人に普遍的に必要なものであるという認識が広がっていくことが望まれる。2022（令和4）年度，厚生労働省は報告書を受けて「災害福祉支援ネットワーク中央セン

ター」を創設することを発表し，支援体制の強化と人材育成を行うこととしており，災害時における社会福祉の視点を持った支援の必要性への認識が広がり，法的位置づけを得るための大きな前進となることが期待される。

（2）災害発生地域の地域精神保健福祉機関

精神保健福祉センターは精神保健及び精神障害者福祉に関する法律（精神保健福祉法）第6条に規定された都道府県（政令指定都市）に設置され，平時には障害者保健福祉手帳や自立支援医療等の精神保健福祉に関する事務や，精神保健福祉相談，人材育成，啓発活動等，地域の精神保健福祉を司る行政機関である。災害時にはセンター長が DPAT 統括を兼ねる場合が多く，都道府県等の主管課とともに，DPAT 調整本部の立ち上げや支援を行う。また DPAT と連携し，精神科病院の被災状況や地域ニーズの把握を行う。

また，広域災害発生時に国からの財源で設置される「こころのケアセンター」がある。災害時は保健所や精神保健福祉センター等の行政機関も被災するため，業務を補完するためにこころのケアに関する専門家集団で組織される。阪神・淡路大震災の後に「兵庫県こころのケアセンター」が設置されたことを皮切りに，新潟県中越地震，東日本大震災，熊本地震等でも設置された。

（3）災害時精神保健医療福祉活動マニュアル

阪神・淡路大震災をきっかけとして「こころのケア」の実践が行われてきた。ただ，何をもって「こころのケア」とするのか，定義や具体的な活動内容は多様であったため，専門職間での共通認識を作っていくために2003（平成15）年に厚生科学研究費補助金を活用した「災害時地域精神保健医療活動ガイドライン1（厚生科学特別研究事業）」が作成された。さらに，災害が起こった自治体と支援団体間で齟齬や混乱を防ぎ，中長期にわたるであろう精神的ケアの継続性を担保することを目的として，自治体が個別のマニュアルを作成するための最低限必要な要素を盛り込んだものが「災害時精神保健医療福祉活動マニュアル」である。〈立ち上げ期～活動期〉においては，DPAT 活動が効果的に実施されるには自治体の本部機能が最重要課題であることから，自治体が DPAT

等活動支援団体を受け入れるための本部機能の確立に主眼を置いたマニュアル
として活用することを意図している[16]。

　災害発生時等に最低限押さえるべきことを凝縮した「ショートバージョン」
と，災害準備期から災害後急性期，活動期，中長期に至るまでに行うべき活動
を参照して実践することを想定した「ロングバージョン」とがあり[17]，各自治体
も地域実態を加味しながらマニュアルを作成している。その後，都府県および
市町村並びに災害支援団体へ，災害直後から中長期の精神保健医療福祉体制に
関するアンケート・ヒアリング調査を行った結果，①各自治体における被災の
経験や対応の結果を，自治体間，自治体内部署間で共有・連携し，平時から
「顔の見える関係の構築」を意識する，②精神科専門職をマンパワーの面から
も支えられる多領域間での協力体制の構築が必要であることが示された[18]。そし
て何より，これらの取り組みを災害時に被災者にハンズオンでケアを行う市町
村保健師を中心に進めていくメンタルヘルス対策を含む地域づくり，支援者支
援，メンタルヘルスに変化が生じた市民を専門家につなぐことの重要性はすで
に指摘されており，災害直後から中長期にかけてシームレスな支援体制を構築[19]
することの重要性が示唆されている。今後の自治体による支援体制の整備のあ
り方が注目される。

（4）熊本地震の事例から考える災害福祉におけるトリアージ

　今日，災害時のこころのケアは精神的によい状況にもっていくことを優先す
るよりも，個人の心的状況のこれ以上の悪化を防ぐことが基本であるといわれ
ている。小松らは，阪神・淡路大震災で「こころのケア」の重要性が注目され，
様々な研究活動とともに緊急時の「こころのケア」活動の整備が行われてきた
一方で，2011（平成23）年の東日本大震災の際に，こころのケアチームを定義
する公的な指標が存在せず，さらに「指揮する立場を担う機関も不在であった
ことから，組織間の連携に問題が生じただけでなく，現地を混乱させることも
あった」という渡の報告[20]を踏まえ，厚生労働省が2013（平成25）年に災害派遣
精神医療チーム（DPAT）を組織するに至った経緯を報告している[21]。阪神・淡
路大震災発生当時，こころのケアの重要性が広く認知され，重要性を強く感じ

た専門職が多くいたために，支援方針の混乱が起きたという状況もある。阪神・淡路大震災では PTSD への対応として，被災体験を積極的に語らせ，出来事を再整理し，感情を発散させるために，一定の手順にしたがって出来事の再構成，感情の発散を促す「心理的デブリーフィング」や「緊急事態ストレスデブリーフィング」という心理療法が積極的に実施された。しかし，後にこれは逆効果であるという研究報告もなされている。[22]

　また，支援の混乱が起こる要因として，誰に対してより緊急的に，どこにウェイトを置いて，そしてどんな方法で支援をすべきなのかという思いが交錯するということがある。立木は災害の被害が社会的に構築される状況を「災害リスク＝ハザード×脆弱性」と式の形で表し，災害時の脆弱性の意味について検討している。たとえば「障害者や高齢者＝災害弱者」ではないとし，人は高齢や障害のために「弱者」となるのではなく，いざという時に周囲からの支援と結びつかない結果として脆弱となる，つまり脆弱性は関係性の概念であり，「高齢や障害＋がある」という個人の側の要因以上に，「いざという時に助けに駆けつけてくれる人がいるかどうか」という周囲の環境の応答性や関係性が災害脆弱性を決めることを指摘している。[23]

　災害時には，高齢者・障害者・子ども等，取り残されがちな層への支援をまずすべきといわれるようになり，これは十分に留意すべきことである。しかし，実際には周囲の環境によって生活上のダメージも心理的ダメージも大きく変化する。そして，時間の経過とともに移り変わる環境の変化を確認しながらよりよい対応を考える必要がある。

　以上を踏まえ，熊本地震での出来事を以下に列挙する。

事例1　「ニセモノの被災者」だと自分を見なすAさん

　「ニセモノの被災者」という言葉を聞いてどんなことをイメージするであろうか。熊本地震直後から支援活動を行っていた震災支援ネットワーク団体では車中泊者やテント泊者が多数いることを把握，問題視し，車中泊者が集まっている商業施設や公園などを巡回し，困り事の傾聴を行った。「困り事は特にない」という被災者に対しても，活動では「手土産」と名づけた協賛企業やフードバンクから提供された何らかの支援物資を持参するようにし，「物資を渡した」「ついで」という体で被災者の近況を[24]

聴くという手法をとった。

　ある公園でテント泊をしていたＡさん（30代女性）に「困ったことはないですか」と聞いたところ「私は『ニセモノの被災者』なので，被災された方を支援されてください」と言われた。驚き，どういう意味なのかがわからず詳しく話を聞くと，「家も無事で住めないことはないんです。仕事へも問題なく行っています，だから『地震で』経済的に困窮しているわけでもないのです」と筆者に語った。最大震度7の地震が日を置かずに起こったことで，本震に匹敵する，あるいは本震以上の激しい揺れが再度起こるのが怖くてテント泊をしているだけで，自身を「被災者」と言うにはおこがましいという思いを抱いておられた。つまり，「支援が必要ないというよりは，支援を受ける資格がない，あるいは優先順位が低い」と自己をみなした言葉であった。災害による何らかの損失という因果関係がはっきりしているものが「被災者」であり，「被災者」を対象にした支援を受ける資格がないという意味であった。

　しかし，震災支援ネットワーク団体での活動で複数回，「手土産」を持っていき，日常会話から家族のことなどに話題が及んだところ，Ａさんは DV に遭っていることが判明した。家が無事といっても仮住まいの友人宅のことであり，離婚できていないため，1世帯に1戸しか割り当てられない仮設住宅へは入居できる状況ではなく，途方に暮れていたことが6回目の訪問でようやく判明した。

　その後，震災支援ネットワーク加盟団体の DV シェルター運営団体や女性カウンセリング団体の協力による心理的支援，弁護士会による離婚訴訟の段取り支援，不動産会社の支援もあり，様々な制度を活用し，Ａさんは無事単身で安全な住居を得るに至った。

事例2　「（担当心理職の）船に乗った」とつぶやいたＢさん

　別の公園でテント泊をしていた高齢男性のＢさんは，訪問をするたびにひどい咳をしており，医療にかかるべきと思われる状況であったが，心配して病院受診を提案しても，「余計なお世話だ」と突っぱねる。そこで，心理職の鈴木さん（仮名）が介入した。筆者も一緒に問題を整理し，手土産を持って鈴木さんに同行し，「体調が悪化したら病院に行くことができますよ」と無料定額診療制度のこと，お金の心配もいらないことを伝えたものの，やはりほとんど無言であった。その後，何度もＢさんのところへ足を運び支援物資を渡したうえで，「心配している」ことのみを何度も伝え続けていたところ，「実は借金があり，逃げている」ということをぼそりぼそりと話すようになった。Ｂさんは10年以上友人宅を転々として借金取りに見つからないように生活していた。迷惑はかけられないと家族との関係を断ち，逃亡者のような生活を続

け，病院へ行くと居場所が借金取りに見つかるのではないかという不安から，医療にかかることへのためらいがあったことが判明した。弁護士会の協力を得て状況を整理したところ，借金の一部はすでに時効であり，過払い金もある可能性も高く，これ以上は取り立てられない可能性が高いことがわかった。Bさんには生活保護を受給し住居を得ることを提案し，「100％安全ではないが，借金のことは今，心配しなくてもいい。継続的にサポートする」と，手続きの付き添いや，携帯電話の契約の段取り，家探し等の提案をしたところ，Bさんは「よろしくお願いしたい」と支援を受けることを決断された。

　その時Bさんが筆者に「私は鈴木という名の船に乗ったんだ」とつぶやかれたことは忘れられない。支援専門職は当然のことながら，目の前の人の状況をよくするために支援をしようとする。しかし，支援を受けようとする側にとっては支援を受けることへの不安があることも少なくない。

　その後，Bさんは平時より実施されていた生活困窮者が主に集まるおしゃべり会にもつながり，他人と楽しく談笑する様子が増えていった。

事例3　強みを見出し，居場所を見つけたアルコール依存症のCさん

　Cさんはみなし仮設住宅で単身生活しており，訪問するたびに部屋からアルコールの強いにおいがしていた。仕事へは行っている様子であったが，顔色が悪く会話もあまり続かず，「飲酒量が多いことが気になる」と話しても一向に状況が変わらない。心配した相談員が頻度を高くして訪問を続けたところ，Cさんは少しずつ自身の状況を話し始めた。飲酒以外やることはないと言っていたCさんだったが，地震発生前は離婚して別居している子どもが時折自宅を訪ねてくれることを楽しみにしていたことが，何気ない会話の中で判明した。しかし，地震で転居を余儀なくされ，子どもがCさんの居所を知る方法がなくなってしまい，もう会えないと思うと自暴自棄になっていたとのことだった。もともと社交的な方ではないCさんは，仕事に行く以外家に閉じこもりがちとなり，飲酒量が増えていた。

　そこで，こころのケアセンターの関係者と連携することによって，Cさんは自身の飲酒量のコントロールについてプランを立て実行できるようになった。また，Cさんは手先が器用で数十年前はよく工作をしていたことも過去の話から知ることができた。そこで被災者向けに行うイベントで，工作を子どもたちに教える講師をしてほしいと依頼した。イベントに参加した被災者たちは作品に感心し，子どもたちにも人気となった。その後もCさんは継続的に工作イベントで他の被災者とかかわるようになり，外に出る機会が増えた。

（5）災害福祉におけるトリアージの再検討

　災害支援に取り組む際には「トリアージ」が重要になる。多くの人が一度に被災し，支援が必要とされる人に対して，支援する側のリソースは大きく限られることがほとんどであるため，支援の優先順位が高いかどうかを判断し，時間的な優先順位，どの程度の手厚さ，きめ細かさが必要かで，かかわる頻度・必要性等も大きく変わってくる。一般的にトリアージとは，医療の現場で「被災者」の命の危機に対して，治療すべき人の優先順位等を選別することであるが，災害福祉領域でもトリアージの必要性について考えられるようになってきた。ただ，いずれにしても「生命の危険」や「身体的自立の危機」について評価することが中心であり，メンタルヘルスの要素を考慮されることは少ない。先の3人の事例に共通することは，本人が支援を求めていたわけでもなく，すぐに命や生活の危機があるわけでもないということである。特に事例1のAさんはそもそも「被災者」ともみなされないおそれがある。鈴木らは「自然災害は女性の脆弱性を露呈させ，GBV，IPV，DV などの暴力を増加もしくは激化，あるいは複雑化させる引き金となる」と指摘している。DV 被害そのものは災害発生以前からあったものであろう。しかし，災害によって，「DV をする夫と別居する安心な暮らし」までの道のりに，平時にはなかった多くのハードルが生じてしまった。仮設住宅の割り当て自体が DV や離婚協議中の世帯を十分に想定しておらず，災害時において，DV 被害者への配慮はまさに制度の狭間といえる。彼女は DV 被害に加えて揺れに対する恐怖感によるストレスや，長期のテント泊によるストレスが積み重なっているうえに，普段のストレス解消法であった趣味の活動や，当たり前であったゆっくり湯船に浸かる入浴もできず，ストレス解消の手段も失っている。

　Aさんの問題の発端は「災害」とは関係なく生じたもので，さらにAさんは災害による物理的な被害はないと主張する。たしかに住んでいた場所そのものに被害はなく，今起こっている問題は災害との因果関係を立証することはできず，厳密な意味で「被災者」の範疇には入らないのかもしれない。そして，重層的なストレスを解消できず，目の前の生活をこなすことが精一杯で，情報収集や相談をする気力も失い，「自分は災害で物理的な被害を受けていないので

被災者ではない」という負い目が、相談することにためらいを生じさせ、一人で問題を抱え込むことになってしまったのである。

　Bさんも、ひどい咳を繰り返すという明らかに体調が悪い様子がみられたため、医療につなぐ必要性を感じ、医療を受けることに拒否的であった背景を探るうちに、様々なニーズがあることが明らかになり、支援につながることへの不安の強さ、支援を受けることはBさんにとってとても勇気がいるということを知ることになった。以前、筆者が行政機関で障害者相談支援業務をしていた時にある発達障害の方から「誰かの支援を受けるくらいなら死んだほうがましだ」と言われたことがある。少しずつ関係性を築いていく中で、言葉の真意について尋ねたところ、「以前、支援というものを受けたことがあるが、自分の人生を勝手に決められている感じがしたし、他人から支えられるばかりの自分であることを突きつけられてプライドが傷つけられる。それは生き地獄だ」とその理由を語ってくれた。支援をする側は、困っている人を助けたいという思いから、支援を受けようとしない相手を理解の範疇の外に置いてしまいがちだ。しかし、支援という営みは支援を受ける側にとって、一時的かもしれないが主体性を一部預ける行為であり、いつ沈没するかもしれない船に乗り込むようなものなのかもしれない。

　また、Cさんのアルコール依存は災害後に起こったことだが、楽しみもなく日常的な孤独感は災害前からあり、1か月に1回程度会う子ども以外とはかかわることもなく、アルコール依存になっても見過ごされていた可能性が高い。Cさんの問題は単にアルコール依存を解消するということではない。災害によってCさんの社会関係の問題に光が当たり、早期に対応することができたといえる。

3　こころのケアと災害ソーシャルワーク

（1）災害ソーシャルワークの射程：「被災者」と「ヒサイシャ」

　熊本地震では、主観的にでも客観的にでも、明確に災害によって日常が奪われ苦しんでいるとみなされる「災害との因果関係が明確な被災者」と、震災前

から抱えていた問題が震災を契機にさらに悪化し複雑化した人たちが存在した。後者の人たちの精神的ダメージが，明確な被災者の人より軽いわけでもなく，支援が不必要なわけではない。また，明確な「被災者」であっても被災の大小と支援のあり方によって区別する場合，分断が生まれがちである。

　被災者生活再建支援法では，主に居住していた住宅の損壊があった世帯を「被災世帯」と定義し，損壊の程度によって金銭的支援の内容が変わってくる。「全損か半壊か」で補償は大きく異なるが，たとえばすぐ隣の家で，外見は同じような損壊でも，一方は「全損」で隣家は「半壊」というケースがあり，全損には見えない家がその町の役職者のいる世帯だったりしたことで不当に支援を受けているように映り「役場職員は信用できない」という偏見が地域で生まれたことがあった。さらにこの制度は世帯による補償であるため，今回のケースのように離婚協議をしているケースでは，「誰が」「どの程度」支援や補償を受けることができるかによって世帯内でのコンフリクトも起きてくる。

　また，益城町のある地区では「擁壁問題」が生じた。阪神・淡路大震災で改正された宅地造成等規制法で，崖の近くには家を建ててはならず，建てる場合は工事をして崖から「擁壁」の定義に合致するようにしなければならないとなった。

　熊本地震で損壊した自宅を建て直そうとしたところ，この法律に触れるために建て直しができない事態が生じた。擁壁工事をするには莫大なお金がかかる。しかも費用負担をするのは基本的に崖の上の世帯であり，工事をしないことにより，建築制限を受けるのは崖の下の世帯である。災害で経済的に追い詰められている状況がある中で，自己利益になるわけでもないことにお金を使うわけもなく，それが原因でいがみ合いが起きてしまった。

　災害が起こった時，地域での連帯の有無によって復興のあり方が大きく変わっていくことが知られている。このような制度の多少や偏見による「分断」は避けるべきである。だからこそ筆者は熊本地震に関する研修会や講演会の場では「被災者」という言葉以外に「ヒサイシャ」という言葉を使っていた。広島・長崎の原子爆弾の被害にあった人々を「被爆者」というが，直接の被害者ではないが影響を受けた人を「ヒバクシャ」と呼称し，被爆問題を自分事とし

て考える共通のキーワードとして活用する試みがある。直接災害に遭っていな[27]くても，災害によって家や家族に被害がなくても，災害がなければ起こらなかった日常の急変で追いつめられた人々も，災害によってもともとあった潜在的ニーズが表面化した人々もみな日常が奪われた「ヒサイシャ」といえるのではないだろうか。

（2）ソーシャルワーク視点でみるトリアージと「こころのケア」

　熊本地震では精神保健福祉領域でもトリアージについて考えさせられる出来事が少なからずあった。たとえば多くの病院が被災し，普段飲んでいる薬が入手できない等，適切な精神医療にアクセスできなくなった状況である。特に，ADHD の診断がある人に，多動性や衝動性を緩和し，円滑なコミュニケーションをとるために処方されるコンサータ®（メチルフェニデート塩酸塩製剤）のように，特別な認可の必要がある薬は簡単に手に入らない。

　特に発達障害のある人々は，自分のつらさを自覚しにくい感覚鈍麻があることや，自分の思いを適切に表現することに困難を抱えがちな発達障害当事者は，精神科病院で受診の緊急性が認識されず，後回しにされることがしばしばあった。苦痛をうまく説明できないことや，感覚過敏等の苦痛の優先順位の妥当性が共感されない状況があり，周囲からは独特と思われがちな言語表現の仕方なども影響して，医療や支援の優先順位が高いとはみなされにくい。薬もなく，感覚過敏や感覚鈍麻について筆者がソーシャルワーカーの立場から病院に本人の状況を説明して，何とか受診ができたケースもあった。小原らは，避難所において住民による要援護者の部屋割りトリアージの提案を行っているが，発熱や怪我がある者が最も優先順位が高い「トリアージ1」とし，次いで「トリアージ2」が排泄行為の困難性，トリアージ3が歩行などの日常生活動作の困難性とする等，精神的課題は一切考慮に入れられていない。また，熊本地震発[28]生から2年後に作成された，兵庫県企画県民部災害対策局災害対策課「兵庫県福祉避難所運営・訓練マニュアル」でも高齢者や障害者等の要援護者の避難先[29]に関するトリアージの例の記載があるが，食事・排泄・移動に関する課題や，発熱・下痢・おう吐等の身体的な医療的ケアに関する記述にとどまっている。

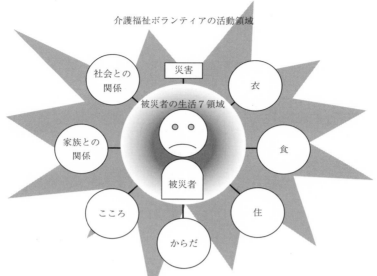

介護福祉ボランティアの活動領域

災害

被災者の生活7領域

社会との
関係

衣

家族との
関係

食

こころ

住

からだ

被災者

目的：災害時要援護者の自立支援と介護予防

図7-1　災害時における生活7領域アセスメント票

出所：田村圭子・岡田史・木村玲欧ほか（2009）「生活7領域からみた災害時要援護者における避難生活実態の解明——日本介護福祉士会による介護福祉ボランティアの活動実績を通して」『地域安全学会論文集』11。

一方で田村らは，日本介護福祉士会が介護福祉士のケアの基本として提唱している「生活の7領域」を援用し，専門性がなくても被災者の課題を明らかにするために「災害時における生活7領域アセスメント票」を作成している（図7-1）。これは，被災者の現状に対して今の支援状況を把握し，本人のニーズに合っているかどうかということに加え，周囲の環境がニーズを充足できる可能性があるのかどうか等，「からだ」と「こころ」と社会との関係性を含めて評価できるようになっている。ただ，あくまでも被災者の状況を多角的に把握するためのアセスメントツールであって，トリアージを意識したものではなく，こころの健康の項目も「不安」「ショック」「ストレス」等が中心であり，発達障害等の感受性の多様性による生活の影響については想定しているようには見受けられない。発達障害に限らず，感覚過敏等の想定外感受性をもつ人々や，

多様なコミュニケーションスタイルがあることも想定し，その要素を取り入れたトリアージのあり方を再検討する必要があるだろう。

（3）災害福祉におけるこころのケアとソーシャルワーク

　ソーシャルワーカーは心理的治療の専門職ではない。ソーシャルワーカーは，災害が起こったことで利用できなくなっている，もしくは利用に困難が生じている制度に加え，臨時的にあちらこちらで立ち上がった多種多様な社会資源を把握し，社会制度の不備による制度の狭間の存在を明確にし，本人の心理的・社会的状況を踏まえたよりよいあり方を迅速かつ臨機応変に考え，並行して実行する必要がある。

　それは，歯車が動かなくなったことによって立ち止まってしまった（生活の動きが停止してしまった）被災者・ヒサイシャに対し，既存の歯車のかみ合わせの不具合を修正し，場合によっては本人にジャストフィットするまったく新しい歯車の形を創造し，それを作成できる技術をもった職人を探し，細かい形の調整の提案をソーシャルワーカーが行い，職人がそれを受けて最大限にフィットするものを作り上げる協働作業ともいえるかもしれない。

　ソーシャルワークとは「アート」といわれることがある。被災者・ヒサイシャ・行政・支援者同士をつなげ「オーケストラを作り上げる」指揮者としての動きが重要だ。そして必要があれば新しい曲を創る。そのためには一人ひとりのこころと精神の状況も熟知する必要があるが，一人ではそれは難しい。だからこそ心理職・医療職と場当たり的な連携ではなく，ともにどんな音楽を創るのかという発想をもつことが重要である。そして，本人が主体であるということを決して忘れてはならない。

　後藤は災害・防災対策におけるソーシャルワーカーの役割を考える際に「災害時のソーシャルワークについて時間・時期に応じた適切な対応・支援」（フェーズを意識したソーシャルワーク実践の視点）と「介護予防・自立支援」（できるだけ早期に日常生活に戻す視点），そして「当事者本人への働きかけ」（生きることをあきらめない視点）の３点を重要な視点として具体的事例を交えながら述べている。⁽³⁰⁾

　また家高らは「誰々に言えばこの問題は解決できるっていうことが把握できるかっていうと把握できそうもないのかなあと思うと，そこのコーディネートのところに私達ソーシャルワーカーがどのくらい入っていけるかっていうのが震災の時に大きなポイントになる」という災害支援に参加したソーシャルワーカーの語りを取り上げ，災害時は専門職による支援は専門分化されることにより縦割りとなる傾向があり，被災者等が抱える多様かつ多岐にわたるニーズと合致することが困難になることを指摘している。(31)

　熊本地震でも，平時に活用できる社会資源が一度に失われることや，一時的に機能が停止することも多いことに加え，ボランティアベースのインフォーマルな社会資源が急速に乱立した。多様かつ複雑な被災者のニーズを満たすためには，活用できなくなった社会資源の状況を知り，それぞれの社会資源の情報収集を行い，その特徴を熟知し，ベストなタイミングで組み合わせて活用する術は，疲弊した被災者にとって極めてハードルが高い。

　ここまで，災害によって，様々な格差や偏見，差別が一気に表出する状況や，災害時におけるメンタルヘルスの課題を視野に入れたソーシャルワークの意義や重要性について述べてきた。

　差別・偏見・格差は災害という特殊な状況下において新たに生まれたものではなく，潜在的に存在していたものが災害という力動によって表面化したものでもあるとも考えられる。

　メンタルヘルスについての知識や重要性についての理解の不十分さが大きな要因となっている場合も多々ある。制度の円滑な活用を促し，命を守り，ライフラインの復旧，経済活動等の「日常」を取り戻すことに加え，「ヒサイシャ」の言葉に耳を傾け，長期的な視野で「『暮らし』を視て」，災害で可視化される「社会の歪み」を表現することも求められる。ヒサイシャにとって必要なことは何か，ヒサイシャを生み出さないために備えるべきことがないかを広く問題提起することも求められる。

　不足する社会資源をつくり出す等，ソーシャルワーカーのグローバル定義にある「社会変革と社会開発，社会的結束，および人々のエンパワメントと解放を促進する」という実践の一つの契機になりうるものとしての「災害時メンタ

ルヘルスソーシャルワーク」のあり方をソーシャルワーカー同士に限らず，福祉，医療，心理等をはじめとした専門職者や，地域に暮らす多様な人々と共に考える機会を持つことが重要であろう。

注

(1) 河田惠昭・林春男・田中寅夫（1995）「防災における資料解析研究（22）」『京都大学防災研究所年報』38。

(2) 加藤寛（2014）「こころのケアのあり方を巡って」『復興』10。

(3) Post-Traumatic Stress Disorder（PTSD）は，1980年に発行された米国精神医学会による診断統計マニュアル第3版（DSM-Ⅲ）が初出である。

(4) 1・17神戸の教訓を伝える会編（1996）『阪神・淡路大震災被災地"神戸"の記録』ぎょうせい，183頁。

(5) 中井久夫（2001）「『こころのケア』とは何か」『兵庫県ヒューマンケア研究年報』7。

(6) (2)と同じ。

(7) 林春男（1995）「被災者への"こころのケア"とは」『アサヒグラフ阪神大震災1カ月』朝日新聞社，57頁。

(8) 内閣府（2012）「被災者のこころのケア　都道府県対応ガイドライン」。

(9) (2)と同じ。

(10) 『惨事ストレス』編集委員会編（2015）『惨事ストレス──救援者の"心のケア"』緑風出版。

(11) 川村隆子（2020）「災害時におけるペットへの責任──ペットと共生するコミュニティに向けて」『地域志向学研究』4，4～13頁等に詳しいトラブルの事例がある。

(12) 厚生労働省（2017）「災害派遣精神医療チーム（DPAT）活動要領」。

(13) 日本精神保健福祉士協会（2021）「精神保健福祉士の災害時の対応における役割の明確化と支援体制に関する調査研究報告書」。

(14) 小規模多機能型居宅介護事業所「いつでんきなっせ」・熊本県 DCAT 及びライフサポートチーム（2018）「DCAT の活動を通して見えた『地域に戻ったあとの生活を見通して関わる』ライフサポートの視点」（http://fukushi-portal.tokyo/archives/58/3/　2022年12月3日閲覧）。

(15) 全国社会福祉協議会（2022）「災害から地域の人びとを守るために　災害福祉支援活動の強化に向けた検討会報告書」。

(16) 太刀川弘和ほか「災害派遣精神医療チーム（DPAT）と地域精神保健システムの連携手法に関する研究」厚生労働科学研究費補助金障害者政策総合研究事業平成31

年度〜令和 2 年度総合研究報告書。

⒄ 太刀川弘和ほか「自治体の災害時精神保健医療福祉活動マニュアル」。

⒅ 日本医療政策機構（2022）「自治体の災害時の精神保健医療福祉対策にかかる実態把握及び取り組みのあり方の検討事業報告書」厚生労働省令和 3 年度（2021年度）障害者総合福祉推進事業。

⒆ ⒄と同じ。

⒇ 渡路子（2016）「災害医療概論と DPAT の活動意義」『日本精神科病院協会雑誌』35（10），946〜954頁。

(21) 小松果歩・赤坂美幸・森光玲雄・西田有希・池田美樹（2018）「熊本地震における精神保健・心理社会的支援の文献レビュー――IASC の 4Ws ツールを用いた分類」『桜美林大学心理学研究』9 。

(22) 金吉晴・大滝涼子・福地成（2018）「災害時のこころの支援に関する実務保健師の役割と求める能力，知識・技術・態度の検討――SOLAR プログラム（Skills for Life Adjustment and Resilience Program 生活への適応と回復スキルのためのプログラム）に関する研究」厚生労働科学研究費補助金（健康安全・危機管理対策総合研究事業）災害対策における地域保健活動推進のための実務担当保健師の能力向上に係わる研修ガイドラインの作成と検証平成30年度分担研究報告書。

(23) 立木茂雄（2014）「災害ソーシャルワークとは何か」『月刊福祉』2014年 3 月号。

(24) よか隊ネットは熊本の企業や社会活動団体と阪神・淡路大震災，東日本大震災で被災経験がある団体を含めた県内外の団体の連合体である。制度に基づいた組織ではなく，外部の財団などの助成を受けながら活動を開始した。現在は一般社団法人よか隊ネット熊本（https://yokatainet.or.jp/）。

(25) 熊本こころのケアセンター（熊本県精神保健福祉センター内）。熊本地震被災者のこころのケアを専門的に行う機関として2016年10月に開設された。

(26) 鈴木由美・沼澤広子・森越美香（2021）「災害が女性に対する暴力にもたらす影響」『国際医療福祉大学学会誌』26（2）。

(27) 竹峰誠一郎（2016）「『ヒバクシャ』の言葉の源流をたずねて――1977年 NGO『被爆の実相とその後遺・被爆者の実情に関する国際シンポジウム』にみる」『明星大学社会学研究紀要』36。

(28) 小原真理子・斉藤正子・久保祐子・河原加代子・石田千絵・菅野太郎（2014）「災害発生時，避難所における住民による要援護者の部屋割りトリアージの取り組み」『復興』10。

(29) 兵庫県企画県民部災害対策局災害対策課（2018）「兵庫県福祉避難所運営・訓練マニュアル」。

(30) 後藤至功（2015）「災害時におけるソーシャルワークについて考える――いのちと暮らしをささえるソーシャルワーカー」『福祉教育開発センター紀要』12。

⑶　家高将明・遠藤洋二・成清敦子・一村小百合（2019）「東日本大震災における避
　　難所支援を行ったソーシャルワーカーの支援実態と支援環境を明確にするための研
　　究——ソーシャルワーカーの"声"プロジェクトによるインタビューをもとにし
　　て」『関西福祉科学大学紀要』23。

第8章

災害支援のためのソーシャルワーク演習・実習

　今回のカリキュラムの見直しに伴い，実践能力を有するソーシャルワーカーを養成するため，「講義−演習−実習」の学習循環を作るとともに，「実習及び演習の充実」が掲げられた。これまでの内容に加え，現代のテーマともいえるひきこもり，貧困，認知症，終末期ケアなどとともに「災害時」の事例を用いて，より具体的なソーシャルワークの場面および過程を想定した実技指導を行うこととされた。本章ではソーシャルワーク演習や実習において，災害時をどのように取り扱うのか，理解を深めていくのかについて解説する。

キーワード　講義−演習−実習の連動性　日常と災害の連動性　ミクロ−メゾ−マクロレベルの連動性

1　災害支援とソーシャルワーク演習

　大規模災害時には，消防や警察，自衛隊，救急医療などの組織・機関が大きな役割を果たしているが，これは介護・福祉についても同様のことがいえる。まず緊急期から応急期と呼ばれるフェーズにおいては人命救助のために主に前者の組織が大きな役割を発揮する（一次被害の抑制）。そして時間が進むにつれて，災害関連死や生活不活発病といった二次被害に立ち向かうため，介護・福祉の専門職が保健医療やその他の関係機関との連携のもとで力戦奮闘する。前章で述べられた DWAT（災害派遣福祉チーム）や災害ボランティアセンターなどがそうした機能を有するといえる。また，介護・福祉の専門職は災害時のみ

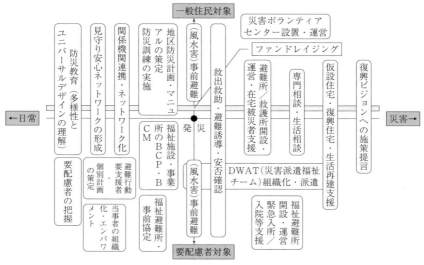

図8-1 災害支援の全体像

出所：筆者作成。

　ならず，こうした大規模災害に備えて，地域防災活動や災害時要配慮者支援の取り組みを積極的に促す役割としても注目されている。たとえば個別避難計画の作成については介護支援専門員などの福祉専門職がその役割を期待されているし，自然災害時や感染症におけるBCP（事業継続計画）についてはすべての介護事業者，障害福祉事業者の策定が義務化されることとなった[1]。図8-1は災害支援の全体像を示したものである。このように，災害支援は災害時のみならず，日常時にも取り組むべき内容であり，対象者については要配慮者を含む生活者全体に及ぶことがわかる。

　また，福祉系大学経営者協議会では「命を静かに守る」ソーシャルワーカーとして災害時の6つの役割について表8-1の通り整理している。これらの役割をみてわかるように，災害時におけるソーシャルワークの機能とは実に多岐にわたり，個別支援といわれるレベル（ミクロ領域）から被災地域への支援レベル（メゾ領域），そして制度・政策への関与レベル（マクロ領域）にまで及び，これらの活動の前提には平常時のソーシャルワークとネットワークの基盤づく

表8-1　ソーシャルワーカー災害時の6つの役割

1	命を守る	災害が発生する前には，自ら避難することが難しい障がい者や高齢者などの，一人ひとりの避難計画の作成にかかわります。災害が起きた時には，自ら体を張って利用者の安全を確保したり，リスクを承知で避難誘導や安否確認のために地域に向かうこともあります。福祉は，災害発生時よりも，その後の生活支援などの役割に目が向きがちですが，災害発生前から人々の命を守ることに最善を尽くします。
2	情報を集め，活かす	日頃の人とのつながりに加え，インターネットやブログ，ツイッターなどを有効に活用し，情報を集め，必要な人に的確に提供することも重要な役割です。交通網が遮断されたり通信機器が使えなくなった時には，地域を訪れたり，戸別訪問により，必要な人に必要な情報を届けたり，安否確認と同時にニーズを把握するなど，地域全体の状況を把握することも役割の一つです。
3	必要な環境を整える	被災により入所施設を失った利用者には，避難所以外の場所への避難をできるだけ避けるために，代替施設と移送手段の確保や移動を行います。デイサービスが再開できなければ，代わりの居場所づくりをしたり，在宅介護器具の代用品を考えるなど，失われてしまった生活支援の基盤を他のものに代える工夫を行います。
4	多職種と連携する	例えば，避難所では，様々な専門職種がそれぞれにニーズ調査に訪れ，そのつど同じような答えをするなど，避難者の負担になるケースがあります。また，復旧や生活の再建時には，制度からこぼれ落ちる被災者もいて，被災者個人や一専門職者では，問題発見や課題解消に対応できないケースもあります。そこで各専門職者が1つのチームとして活動することで，避難者の負担を減らし，横断的な支援が的確に行えるように，保健師や看護師，弁護士や建築士など，多職種との連携やコーディネートをすることが求められます。
5	制度や法律の限界を乗り越える	災害時には，すでにある制度や法律だけでは対応が困難な被災者もあらわれ，支援の限界の壁が立ちはだかります。真に利用者の尊厳や命を守るという理念のもと，自ら責任を負いながら，他の領域の専門職者とともに行政サービスや法律の限界にチャレンジしていく力強い役割を担います。
6	人とのつながりを回復させる	例えば，転入してきた被災者（避難者）と，以前から住み続けている住民のあつれきが生じることがあり，地域の外に避難していた被災者が自宅に戻った際，うまく地域で過ごせないケースもあります。それら両者間の溝を埋めていく活動や，あるいは，復興住宅などでの新たなコミュニティづくりの支援によって，避難していた人々や被災者の疎外や孤立感の解消につなげます。

出所：福祉系大学経営者協議会ホームページ（https://fdkk.jp/special/saigai.html　2023年7月30日閲覧）をもとに筆者作成。

りが重要となる。また，図8-2は，災害時のソーシャルワークにかかわる取り組みと実施主体をまとめたものである。それぞれの取り組みの内容はミクロ，メゾ，マクロのそれぞれのレベルによって異なるが，これらは有機的につな

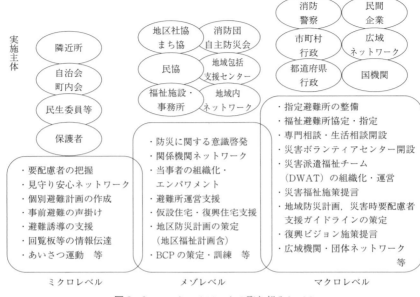

実施主体

| 隣近所 |
| 自治会 町内会 |
| 民生委員等 |
| 保護者 |

地区社協 まち協	消防団 自主防災会
民協	地域包括 支援センター
福祉施設・ 事務所	地域内 ネットワーク

消防 警察	民間 企業
市町村 行政	広域 ネットワーク
都道府県 行政	国機関

・要配慮者の把握
・見守り安心ネットワーク
・個別避難計画の作成
・事前避難の声掛け
・避難誘導の支援
・回覧板等の情報伝達
・あいさつ運動　等

・防災に関する意識啓発
・関係機関ネットワーク
・当事者の組織化・
　エンパワメント
・避難所運営支援
・仮設住宅・復興住宅支援
・地区防災計画の策定
　（地区福祉計画含）
・BCP の策定・訓練　等

・指定避難所の整備
・福祉避難所協定・指定
・専門相談・生活相談開設
・災害ボランティアセンター開設
・災害派遣福祉チーム
　（DWAT）の組織化・運営
・災害福祉施策提言
・地域防災計画，災害時要配慮者
　支援ガイドラインの策定
・復興ビジョン施策提言
・広域機関・団体ネットワーク
　　　　　　　　　　　　　等

ミクロレベル　　　　　　　メゾレベル　　　　　　　マクロレベル

図8-2　ソーシャルワークの取り組みレベル

出所：筆者作成。

がっており一体的な活動として捉えることが重要である。

　このように災害時におけるソーシャルワークについては，座学における学習理解はもちろん，本来であれば被災現場に入り，「生の現場」を体感し理解を深めるに越したことはない。しかし，災害は突発的に起きるものであるし，必ずしも学生の間に経験するものではない。また，発災後も余震の可能性や東日本大震災時にみられた原発事故の影響，新型コロナ禍のようなパンデミック状況における被災地への支援自粛などによって被災地に入ることが躊躇されるケースも少なくない。

　このため，ソーシャルワーク養成教育では，ソーシャルワーク演習を通して被災地への具体的な支援アプローチや他職種連携などの必要性を追体験することにより理解を深めることが重要となる。また，先に述べた日常と災害時の連動からもわかるように，日常時に取り組まれる防災活動や災害時要配慮者支援から災害時のソーシャルワークの必要性を理解することができる。本章では，

実際に被災地の現場が少しでも追体験できるよう，いくつかの演習問題を用意している。これまでに取り組まれた数々の支援事例をもとに作成をしているので，是非，演習問題を通じて災害時のソーシャルワークについて理解を深めてほしい。

2 災害支援とソーシャルワーク実習

ソーシャルワーク実習においても，現在，全国各地で取り組みが進められている社会福祉施設・事業所の BCP（事業継続計画）策定の現場に立ち会うことや定期的に実施される要配慮者の避難訓練，災害ボランティアセンター設置訓練等の現場への参加を通して，災害支援の理解を促す例がみられるようになってきた。しかし，まだまだソーシャルワーク実習において災害支援を取り扱う事例は少ないのが現状である。

こうした状況の中，実習において災害時におけるソーシャルワークを学びたい場合は，事前の実習指導時における実習計画書の作成の時点で，自身の問題意識を明確にし，何を具体的に学びたいのかを実習テーマとして明確にする必要があるだろう。そのためにはこれまでの被災地事例からソーシャルワーカーの軌跡を調べたり，これまでの被災地調査や文献から，災害時のソーシャルワークについて基礎理解をしておくことが望ましい。

ここでソーシャルワーク実習において，災害支援のプログラムを盛り込んだ場合の一例をみてみよう。表8-2は具体的な実習プログラム例であるが，24日間（180時間）の実習において4分の1の実習日数を割り当て，災害時における社会福祉施設・事業所の果たす役割を考察する機会をつくっている。

表8-2のプログラムのように，現在，施設内で進められている災害時におけるBCP（事業継続計画）の策定過程にかかわることで，実習生は社会福祉施設・事業所が災害時にも要配慮者の受け皿（居場所）となることを理解し，その中でソーシャルワーカーが果たす役割を考察することができる。こうした実践を伴った場面に参加することは，これからのソーシャルワーカーの活動範囲や視点を広げることにつながり大変有益であるといえる。

表8-2 ソーシャルワーク実習・実習プログラム例

所属：○○大学　名前：○○ ○○（○○ ○○）

日目	日時	日	時	会議・行事予定	内容 AM	内容 PM	学習の狙い	段階	チェック欄
5	11月5日	火	8:30～17:30	災害訓練会議	特養 ユニット実習（CW）地域包括支援センター（自宅訪問）	13:00～災害訓練会議に参加	・高齢者の特性を理解する。・包括の概要と利用者と地域の概要を知る。・地域と包括の関係を知る。	職場 職場	
8	11月10日	日	8:30～17:30	○○地区防災訓練に参加	地域包括支援センター実習 ○○地区防災訓練に参加 災害時を想定した安否確認、名寄せ合わせ	（CM、看護師、社会福祉士）、居宅支援事業所との名寄せ合わせ	・災害時における包括の使命と役割を考察する。・センターの三職種の役割について理解する。・地域と包括の関係を知る。	職場 職種	
16	11月20日	水	12:30～21:30	災害訓練準備	特養 ユニット実習（CW）入所者とのコミュニケーション、食事支援、排泄支援、就寝支援 段ボールベッド搬送の手伝い（実習担当）	（行政より貸借） 段ボールベッド設営の手伝い	・ホーム内の職種とその機能を知る。・ホームの生活日課を知り利用者の思いとニーズを知る。	職種	
18	11月23日	土	8:30～17:30	災害訓練準備	8:30～実習の振り返り（実習担当）ケアプラン作成、残りの実習で実施できるプランを立てる。	13:00～虐待緊急入所の具体的な事例の資料を読む（相談員）段ボールベッド設営の手伝い	・虐待や困難事例について、アプローチの方法を理解する。・ソーシャルワークの視点から実習を統括する。	SW	
19	11月24日	日	12:30～21:30	災害訓練実施	特養 ユニット実習（CW）13:00～福祉避難所開設・運営訓練に参加 18:00～発災直後想定訓練に参加		・ホーム内の職種とその機能を知る。・ホームの生活日課を知り、利用者の思いとニーズを知る。・地域との連携過程を通して、資源開発機能を知る。	SW	
24	11月30日	土	8:30～17:30	災害訓練振り返り	実習のまとめ ケアプランのモニタリング	PM：実習まとめ発表会 自身のケアプラン実施の評価、成長 地域との災害訓練を経験して感じた事	・虐待や困難事例について、アプローチの方法を理解する。・ソーシャルワークの視点から実習を統括する。・地域との連携過程を通して、資源開発機能を知る。	SW	

出所：社会福祉法人京都福祉サービス協会の実習プログラムをもとに一部筆者改変。

　この他にも，たとえば相談支援事業所が行う個別避難計画の策定過程への参画や地域で行われる防災訓練への参加，市民を対象とした防災講座，イベントへの参加等が考えられる。

　個別避難計画については，2011（令和3）年の災害対策基本法改正において，自治体の努力義務となった。策定にあたっては，特に介護支援専門員や相談支援専門員が避難行動要支援者のうち，福祉サービス等の利用者の状況等をよく把握しており，信頼関係も期待できることから，個別計画策定の業務に福祉専門職の参画を得ることが期待されている。また，計画策定にあたっては地域調整会議を開催し，関係機関・団体間での避難支援等に必要な情報を共有し，調整を行うことが求められている。この会議には地域の実情に応じ，当事者やその家族，福祉専門職や社会福祉協議会の職員，民生委員，自主防災組織等が参加することが想定されるとされていて，計画策定の場に実習生が関わる中で地域内ネットワークの役割や実情といったものが理解できるだろう。今後，ますます展開が進む個別避難計画を実習プログラムに組み入れ，災害時のソーシャルワークをより深く理解する機会としてほしい。

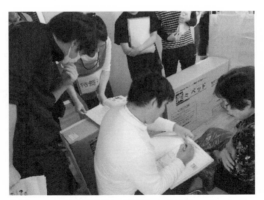

写真8-1　福祉避難所へ避難した高齢者のアセスメントを行う実習生（京都福祉サービス協会）。

演習１　大地震が発生！　避難所において被災者の生命とくらしを守れ！

　１月17日深夜未明，震度６強の地震が発生。A県B市C地域（小学校区）では大きな被害が出ている模様である。発災後，D小学校が避難所として開設され，１週間が経った。避難所における避難生活支援について考えてみよう。

　発災後，家屋が全壊・大規模半壊した世帯が多く，多くの被災者が地域の避難所（D小学校）へ避難した。発災直後から DMAT（災害派遣医療チーム）が出動し，B市内の病院や避難所等にて救護活動が展開された。また，４日目からは JMAT（日本医師会災害医療チーム）も加わり，避難所や福祉施設を重点的に巡回し，被災者支援にあたった。その後，外部支援者が続々と被災地入りし，保健関係者による DHEAT（災害時健康危機管理支援チーム）や DPAT（災害派遣精神医療チーム）も支援活動に合流した。

　A県では災害時を想定し，DWAT（災害派遣福祉チーム）が組織化されており，発災後，事務局を務めるA県社会福祉協議会（以下，社協とする）が県内の保健福祉機関・団体と調整を行い，スタッフ派遣の手続きを進めていた。まずは先遣隊として，A県社協のE福祉活動指導員ら数名が被災地に入り，被災状況の確認を行った。E福祉活動指導員は市役所や避難所を巡回し，以下の情報を入手した。

・C地域（小学校区）には大小あわせると10か所の避難所（任意の避難所も含む）が開設されていて，D小学校の避難所には発災後，最大1000名を超える被災者が避難してきていた。１週間が経ち，避難者の数は600名まで減少したが，圧倒的に高齢者が多いということ，衛生環境が悪化しているということが確認できた。
・D小学校の避難所の現状を確認し，災害関連死が発生しないためにも最も支援が必要な避難所のひとつであると認識した。また，館内を巡回し，情報を一元化する場所（情報掲示板）がないこと，男女更衣室や授乳室がないこと，子どもの遊び場がなく車の行き来するところで遊んでいること等が気になった。

　それらを踏まえ，早速，報告を行い，数日後に DWAT チームとして再度，D小学校を訪れた。

（避難所の様子）

断水していてトイレは使えない	たばこを吸っている人がいる	仕切りがなく服が着替えづらい	トイレで授乳している。トイレは体育館から離れている
一応受付はあるが名前の確認はされていない	受付に尋ねに来る人で入口が混雑している	日本語がわからない外国人がいる	耳の聞こえない人がいる。情報は館内放送のみ
車いすの独居高齢者がいる	じっとしている人が多い	部屋の中がほこりっぽい	食事はカップ麺や菓子パンのみ
体調不良の人が出てきている	通路は無く，皆好きなところに座っている	一人暮らし高齢者が散見される	乳幼児のいる世帯や高齢者夫婦等，車中泊の人がいる
避難所の中が寒い。防寒着でない人がいる	ペットを連れてきている人がいる	駐車場で子どもが遊んでいる	駐車場には車の出入が多い

（課題）

　このような状況の中，DWAT のスタッフは，どのような対策を講じる必要があるか
を考えてみよう（50分）。

課　題	対策案

表8-3 避難所におけるマネジメント

担う管理	ソーシャルワーカーとしてできること
人員管理	避難所運営名簿を作成し，避難者の人員管理（入退所把握）を行う。また，要配慮者の把握を行い，適切な支援につなげる。その他，外部支援者・ボランティア間のネットワーク形成に努める。
空間管理	避難所における快適なレイアウトの提案や施設の運営管理に関する助言やサポートを行う。
安全管理	避難所および地区管内における治安に関して，警察，消防などとも連携し，治安維持および犯罪抑止に努める（定期的な見回り，チラシによる警告など）。
情報管理	被災地における災害情報や生活情報，被災者の安否確認情報などを一元的に収集・管理し，必要な情報を適宜，必要な人に適切な方法で情報提供する。
衛生管理	災害関連死の抑止として避難所における感染症対策や環境衛生等に関することを行う。
健康管理	災害関連死の抑止として生活不活発病，生活習慣病等の予防に関することを行う。特に災害が長期になるにつれて顕在化してくる認知症状，フレイル症状，うつ症状などへの対応に気を配り，被災者の健康サポートを行う。
食事管理	避難者の食事調理・配給，栄養管理等に関することを行う。特に高齢者や乳幼児が多い避難所では年齢に応じた食事提供に配慮する。
物資管理	備蓄や救援物資の手配・供給等に関することを行う。特に長期化するに伴い，高齢者や乳幼児のオムツや介護用品，女性の生理用品など，特性に応じた物品の確保に努める。

出所：筆者作成。

　大規模災害の発生時には，様々な専門職チームが被災地に駆けつけ，必要な支援を展開する。ソーシャルワーカーも災害派遣福祉チーム（DWAT）等のチームとして被災地に入り，避難生活や復旧，復興の支援を行っている。

　避難所では，表8-3の観点から被災者の生活支援を行い，他機関・団体との協働により災害関連死の抑止や避難所内での人権保護，プライバシー保護等に取り組むことが重要となる。

　また，避難所の支援に入る際，その被災地の地域特性や活動主体を把握することを忘れてはならない。避難所に避難している被災者がどのような土地柄，生活環境の中でこれまで暮らしてきたのか，どのような活動主体が地域づくりを担ってきたのかを理解することが，これまで述べられてきた「地元主体」につながるのである。そのために支援者は地域踏査・分析や地域組織化，ネットワーク形成といったコミュニティワークについても学習を進めておこう。

表 8-4　主な課題と対策案

課　題	対策案
受付で名前の確認を行っていないため，人数把握，避難者情報等，避難者の概要が把握できていない	名簿による人員管理を行う
避難者によって通路（動線）が塞がれてしまっているため車いすの方等が移動しにくい	通路の確保および居住区の再編（できる限りコミュニティごとに固まる）
情報が館内放送のみということで聴覚障害者，難聴者，外国人等が情報を入手できづらい	情報掲示板の設置。また外国語表記で案内する
特に女性が服を着替えることができる場所がない。また授乳を行う場がない	改めて教室等の利用方法を検討し，男女更衣室，授乳室を設置（治安対策としても有効）
トイレが離れているため夜間のトイレで性犯罪の可能性がある	館内パトロールの実施（治安対策）
仮設トイレが和式であり，高齢者が用を足しにくい状況がある	洋式トイレの設置（現在の和式トイレとの入れ替え）
たばこを館内で吸っている人がいるため，火災のリスクが高まる	ルールを決める（喫煙場所の設置等）
部屋の中がほこりっぽいため，気管支障害を発症する可能性あり。また断水のため，衛生環境が悪化する可能性あり	衛生管理の徹底。館内の清掃，消毒活動の実施（できる限り避難者にやってもらえるよう働きかけ）
ペットを屋内に連れ込んでいるため，衛生環境が悪くなる。禁止にすると独居高齢者が自宅に帰ってしまう可能性がある	（ペットの置き場所を確保した上で）ペットの屋外への移動。ペット用の避難所の設置
食事が毎日，菓子パンが続いているため栄養が偏る。また温かい食事が提供されていない	食事の改善（市役所に要望を出すことと同時に炊き出しの実施）
高齢者が多い中，冬の時期は特に体調不良のリスクが高まる	専門職の巡回による体調管理，保健室の設置。館内の防寒対策を行う。体調の悪い人用の福祉避難所（福祉スペース）を設置する
一人暮らし高齢者が孤立する可能性	気軽に話ができる場や一人暮らしの人たちが集まれる場を作る
車中泊者の健康悪化のリスクが高まる（エコノミークラス症候群）	定期的な駐車場の見回り（見守り）や車中泊者に対する健康体操の呼びかけ，エコノミークラス症候群防止に向けた注意喚起を行う
子どもの遊び場がなく車の行き来するところで遊んでいて危険	子どもの遊び場の確保（PTSD 対策）

出所：筆者作成。

　演習1の課題の解答例として，表8-4のような課題と対策が考えられる。生活を支える専門職として，日常から，様々な生活課題が災害時，どのように顕在化してくるのか，また災害時に少しでも快適な避難環境を構築するために何ができるか考察を続けてほしい。

　また実際に，災害時，大学が障害当事者の受け入れを行い，福祉避難所となる中で学生が運営サポートにあたった例（熊本地震における熊本学園大学等）や，指定避難所において子どもや高齢者等の居場所づくりやペットの避難所運営サポートを学生が行った例（熊本地震における佛教大学等）がある。(2)これらの取り組みは福祉専門職が被災地において，「今，何が一番この状況に必要なのか」を被災者や外部支援者の声から判断し，対応，開発してきた成果といえる（学生はそのニーズに対応する担い手として重要な役割を果たした）。災害時には被災地において既存の制度やサービスを最大限に活用し，被災者の安全と安心を確保していくが，「ないもの」については，その場で柔軟に対応したり，時には新たな発想で開発したりする視点が重要である。たとえば，これまでにも福祉専門職が指定避難所の中に「なんでも相談所」を開設したり，台風の影響により壊滅的な被害を受けたりんご農家の支援を行ったりする取り組みがみられる。(3)学生としては，これまでの被災地現場においてソーシャルワーカーが取り組んできた先進的な事例を調べることも大いに学びを深める機会となるだろう。

写真8-2　高齢者などの居場所となった「よかましきハウス」。
様々な専門職種が連携し運営支援にあたった（筆者撮影）。

演習2　災害時における子ども支援！　子どもの心のケアと居場所づくり

　7月初旬，線状降水帯の発生により数日間，大雨が降り続き，町の主要河川が氾濫。E県F市では一部土砂災害による住宅の倒壊，G地域（小学校区）では3メートルの浸水があり，住民は指定避難所への避難を余儀なくされた。以下の情報を読んで，風水害時における災害支援活動について考えてみよう。

（F市概要）
- 人口：約100,000名
- 高齢化率：33.5%
- 死者・重軽傷者等：20名
- 全半壊等被害：約150世帯
- 床上下浸水被害：約2,600世帯
- 避難者：約300名
- その他：G地域では住宅の約6割が床上浸水の被害を受けている。なおG地域において死者はなし。

　F市社会福祉協議会（以下，社協とする）では発災後，1週間を目途に災害ボランティアセンターが発足し，被災者の相談，ケアにあたっている。職員のHソーシャルワーカーは被災地域を訪問する中で以下の状況を把握することができた。

・子どもたちは被災後，ストレスを抱えたまま学校が休校となり，夏休みに突入。プールも使用不可，林間学校等の行事も中止となった。また県内では公共交通機関の運休などの理由により夏祭りが中止となった。
・子どもたちの中で，家から出られないストレスのため，たとえば必要以上に新聞紙をパンチして破るなどの行動がみられることがある。また，夏休みの宿題について多くの課題は出されていない。家庭によっては学習の遅れに関して心配する声があがっている。また指定避難所は多くの被災者が避難しており，宿題ができる環境とはいえない。保護者は皆家の片づけに追われ，子どもたちの面倒を十分にみる余裕がないという声も聞かれる。
・G地域では，多くの世帯が指定避難所へ避難しているが，家を失った子どもが大きな音や駐在する自衛隊の車両を怖がるケースが出てきている。
・G地域にある保育所が，3メートル近くの浸水被害に遭い，発災当初より休所状態。通所児童は市内の各保育所へ分散。いつ再開となるのか見通しが立っておらず保護者の中では再開に向けて掃除をするなら手伝いたいという声が出ている。

（課題）

⑴　この時点でHソーシャルワーカーはどのような課題があると認識したか。以下に整理をしてみよう。

⑵　このような課題に対し，あなたならどのような対応を提案するか考えてみよう。

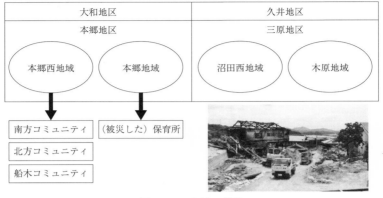

大和地区		久井地区	
本郷地区		三原地区	
本郷西地域	本郷地域	沼田西地域	木原地域

南方コミュニティ → （被災した）保育所

北方コミュニティ

船木コミュニティ

図8-3　三原市の状況

出所：筆者作成。

　演習2の事例は，2018（平成30）年に発生した西日本豪雨災害における広島県三原市の実践をもとにしている。同市では被害の大きかった4小学校区のうち，主に本郷西地域と木原地域の子ども支援に入ることとなった（図8-3）。

　三原市社協の職員（ソーシャルワーカー）は被災地域から様々な被害状況をヒアリングしてきたが，当時，課題として認識したのは以下の通りである。

・子どもたちのストレスの軽減と恐怖感の緩和を行う必要性
・被災した子どもたちの居場所の創出の必要性
・中止となった行事に代わる代替的な活動を実施する必要性
・学習の遅れを補うための対策と学習環境の整備の必要性
・被災した保育所の早期再開の必要性

　その後，三原市社協では大学関係機関，市行政，NPO，その他民間団体等，外部からの積極的な支援を受けて様々な事業展開を図ることになる。その全体の調整を担ったのはまさに三原市社協の職員（ソーシャルワーカー）であり，地域の自治会やPTA等のニーズから着実に活動・事業を生み出していった。具体的には被災した世帯の子ども・親支援を目的として，「遊 viva 学 viva 三原支援プロジェクト」を立ち上げ，地域復旧・復興を目指す被災地域を主体とし

ながら，実行委員会形式（ネットワーク型）により，被災地の子ども，親の心の
ケア支援および生活支援を行っていった。

　具体的な支援方策は次の通りである。

　①　本郷西地域（南方，北方，船木コミュニティ），木原地域における「子ども
　　の居場所づくり」

　子どもが通える範域において，気軽に集える場を創出した。この場づくりの
中で大切にしたのが，4つの機能（食べる場・学ぶ場・遊ぶ場・（親の）語る場）
であった。

　②　「なつまつり in 本郷小学校」の企画実施

　PTA や地域の NPO 団体等と連携し，中止となった夏祭りを管内の小学校
にて実施した。当日は400名を超える参加者があった。

　③　「三原の子どもたち，小佐木島へ行こう（宿泊キャンプ）」

　同じく中止となった林間学校を関係機関・団体との連携により実施した。市
内の避難所で生活する子どもたちを対象として参加を募り，当日は約20名の参
加があった

　④　「1日100人でクリーンアップ大作戦！in 本郷ひまわり保育所」

　災害ボランティアセンターと連携し，1日100名の参加者を集め，3日間で
清浄・清掃作業を行う企画を実施した。当日は総計延べ350名を超える参加の
もとで清掃活動を終えることができた。

　この後も子どもたちの心のケアを目的とした冬のクリスマス企画や春キャン
プといった行事の実施，今後の災害に備えるための子ども防災学習会の企画実
施等が，関係機関・団体と連携・協働する中で具現化していった。

　このようにソーシャルワーカーは，発災後，見過ごされがちとなる要配慮者
（今回は子ども）の支援について，災害関連死や生活不活発病，PTSD（心的外傷
後ストレス障害）等に気を配りながら支援を展開していく。そして，支援を行
う際は被災者の主体性を尊重しながら，内外の関係機関・団体が側面的に支え
る構図を描きながら支援展開を図るのである。[4]

写真 8-3 「遊 viva 学 viva 三原支援プロジェクト」（筆者撮影）。

　また，子どもの被災支援において，コミュニティを単位としつつ，「食べる場」「学ぶ場」「遊ぶ場」＋（親の）「語る場」と機能を明確にして事業展開を図った点が特徴である。これはそれぞれの地域特性に応じてその地域ならではの活動を展開する必要があったからであるが，生活の基盤となる日常生活圏域を意識し，被災者が主体的に復旧・復興の過程を歩める場づくり，機会づくりが重要であることが再確認できた。また，できる限り日常を継続，取り戻すことができるよう（日常の継続性）に，中止されていた林間学校，水泳，祭り等を地元の力を活かしながら実施した点（宿泊キャンプ，なつまつり）についても生活を重視するソーシャルワーカーならではの事業展開であったといえる。

注
(1)　2021年 5 月，改正災害対策基本法が公布され，個別避難計画の作成が市町村長に

努力義務化された。同時に「避難行動要支援者の避難行動支援に関する取組指針」
が改定され，計画作成の業務には，本人の状況等をよく把握し，信頼関係も期待で
きる福祉専門職の参画が極めて重要との見解が示された。また，同年の介護報酬改
定において，運営基準の見直しの中で介護サービス事業所および障害サービス事業
所における事業継続計画（BCP）の策定が義務づけられた（児童福祉施設について
は現在のところ努力義務化）。

(2)　熊本学園大学では，2016年 4 月14日に避難者の緊急受入れをはじめ， 4 月16日以
　　降最大750名の受入れを行い，ホールでは障害者とその家族を最大60名収容， 5 月
　　28日の閉所まで24時間体制で支援を行った。支援にあたっては，教員・職員の他，
　　卒業生や学生も支援の枠組みに入り，被災者の避難生活をサポートした。また佛教
　　大学では，熊本地震発災後，被災地でのニーズや現地からの情報を収集しながら災
　　害ボランティアの検討を進め， 3 週間（ 3 クール）にわたり教職員，学生を派遣し
　　熊本県益城町の避難所にて支援活動を展開した。避難所では，子どもの居場所づく
　　りやペット避難者への支援，被災者の日中活動の支援を学生を中心に取り組みを進
　　めた。

(3)　2019年の令和元年東日本台風で大きな被害を受けた長野県では，地元の福祉機
　　関・団体や災害派遣福祉チーム等の支援により避難所内で「なんでも相談」を開設
　　し，ソーシャルワーカー等が生活相談にあたった。また，様々な福祉機関・団体に
　　より「信州農業再生復興ボランティア」が発足，地元の有力産業の担い手であるり
　　んご農家の支援を展開する等，幅広い支援を実施した。

(4)　全国社会福祉協議会などの社会福祉協議会では災害ボランティアセンター運営
　　（災害ボランティア活動）の三原則として「被災者中心」「地元主体」「協働」を掲
　　げており，被災地の主体性を踏まえた支援展開を重要視している。

終　章

当事者活動から見た災害
――発達障害当事者らの重層的な苦悩

　熊本地震は発達障害当事者の災害時の苦悩を表出させるとともに，それを乗り越えるヒントや可能性を提起した。発達障害当事者団体の存在と，その主体的な活動が大きな意味をもっていたといえる。

　本章では熊本地震の様相とその特異性を踏まえ，見えにくく，理解されにくく，可視化されたとしても共感されにくい発達障害当事者の重層的な苦悩・困難を描き出すことを試み，ソーシャルワークが取り組むべきことを検討してみたい。また発達障害当事者会が被災者支援ネットワーク団体に加盟し，震災後の支援活動に加わった実践とその意義についても記述する。

1　熊本地震の想定外な様相――まだらの災害と様々な格差・温度差

（1）想定外の災害と5つのまだら

　熊本地震は2016（平成28）年4月に発生した。4月14日の夜と4月16日の未明，熊本県益城町を中心にマグニチュード7.3，震度7の揺れが，短期間に連続して起こった。同年12月13日までの期間において，震度7を2回，震度6強を2回，震度6弱を3回，震度5強を5回観測し，震度1以上を観測した地震は4000回を超える。

　恐怖も冷めやらぬうちに，さらなる巨大地震に襲われたことは前代未聞であり，「前例がない」「予測ができなかった」とマスコミが連日報じたことも，被災者の不安をさらにかき立てることになった。熊本地震の特徴は，震度7の地震が立て続けに発生したうえに，余震の回数も多く，かつ強い揺れが繰り返し起こった結果，車中泊と車中避難者が際立って多かったことである。[1]

　直下型で震度7クラスの地震が日を開けずに連続して起こったことが，今までの地震災害では考えにくかった心理的・社会的な二次的問題を生じさせた。筆者は災害支援ネットワーク団体にかかわったことから，その特殊性を目の当たりにした。それは災害の影響は様々な視点から濃淡があるということであった。筆者はその後，発達障害当事者会のメンバーとともに，熊本地震の教訓を伝えるための研修や講演を行う機会が多くあり，これを「まだらの災害」と名づけ，その特異性を伝えてきた。隣近所なのに建物やインフラの被害の度合いがまったく異なる「①被災エリア・箇所のまだら」，同じような被害にあっても，その受け止め方が大きく異なる「②被災感・被災観のまだら」，仮設住宅の手配等，生活再建に向けた被災した後の行動がまちまちとなり，生活の復旧に格差が生じる「③被災後対応のまだら」，ステレオタイプ化されたわかりやすい被害，大衆の共感を得やすい支援実践ばかりを報道する「④報道・支援のまだら」，また，障害があることにより周りの環境とのミスマッチや差別や偏見が平時より拡大する「⑤障害特性に関わるまだら」等，様々なまだらを目の当たりにした。以下，まだらに関しての詳細を説明したいと思う。

（2）被災エリア・箇所のまだら

　2回の連続した大地震によって，十分な耐震強度があると考えられた家が多数倒壊した一方で，壊滅した家の隣はほとんど無傷というような光景も見られ，被害が最もひどかった益城町でさえもほとんど無傷に見える家もあった。津波が多数発生した東日本大震災の時のように，広範囲の地域が等しく壊滅したような箇所はほぼなく，被害が明らかにひどい場所と，それほどには見えない場所がまだらに存在する。

　また，一見あまり被害がなさそうな家でも，①屋内には多数のヒビや雨漏りがある，②家の近くにある崖が崩れかけ，家が飲み込まれる可能性がある，③地盤が弱く家ごと倒れるおそれがある，④水道設備などライフラインの一部，もしくは全部の機能が停止している等のケースがあり，見た目ではわからない複合的な問題があることも多かった。さらに修理・修繕する業者が不足し，一時は雨漏りを防ぐブルーシートさえ不足する事態も起きた。

写真終 - 1　ブルーシートで覆われた屋根（2016年9月）（筆者撮影）。

写真終 - 2　倒壊した家の隣家はそのまま残っている（2016年5月）（筆者撮影）。

　「どの地域がより被害が大きかったのか」と問われても，建物の倒壊の度合い，電気・水道・ガスのライフラインの有無もすぐ隣でも大きく異なることもあり，一概には答えられない状況であったのである。

（3）被災感・被災観のまだら

　「うちはたいしたことはないよ」「炊き出し？　それは必要ない」「困っていること？　そう特別ないな」。地震直後でもそう述べる人がいる一方で，自宅の生活環境が整わないことや，たとえ物理的な生活環境に不足がなくても，

「次に地震が来たら今度こそ家が壊れるかもしれない」という心理的不安から，車中泊やテント泊を強いられ，水や食料の確保に大変苦労する等，被災による困り感の度合いが人によってまだらである。被災ポイント，被災箇所のまだらは，人々の被災感覚に大きな齟齬を生じさせている。

　「家に帰って小さなひび割れを見ると，震えが止まらなくなって家に帰れない」と公園のテントで過ごす若い女性が涙ぐみながら話す一方で，その夫が「そんなことを気にし続けていたらきりがない」と自宅に帰ることを強く促す。そして子どもたちは地震の不安と両親不仲の不安の両方を抱える……。巡回相談では災害をきっかけとした関係性の分断の光景を何度も見かけることになった。

（4）被災後対応のまだら

　物理的に大きな被害を受けても，迅速に新しい家を探す等，新しい生活に早期に移行できた世帯がある一方で，地震発生から半年が過ぎても車中泊の生活をしている人も少なくなかった。

　ある家族は「子どもの転校したくないという思いを大切にしたい」とその理由を語った。他にも「仕事先に通勤できる場所が見つからない。車が壊れ，公共交通が利用できる範囲が限定的になっている」「みなし仮設は決まったけれど，修繕が必要な部分の工事が始まらず，入居の目途が立たない」「仮設住宅の抽選に3回外れてしまった」と，実に様々な事情が複合的に絡み合い，決断に迷いが生じることは無理もないと筆者は感じるようになった。しかしそれは，巡回相談を通して，時間をかけて傾聴した結果，ようやく理解できたことであり，事情を詳しく知らない人の中には「なぜ今でも車中泊をするのか」と批判的に捉える人もいた。

　被災者とそれを取り巻く人々の「被災印象のまだら」が錯綜することで，個別の固有の困り感の多様性が見えにくくなり，その後の対応の違いが生じる。その結果，個人個人の苦悩や困難の背景がわかりづらく，また困り感を表明したとしても周囲の共感も支援も得られにくい構造が熊本にはあった。

（5）報道・支援のまだら

　最も被害が大きかったとされる益城町の悲惨さは連日報道され，県内外からボランティアが殺到して受け入れ困難になるほどであった一方，益城町の周辺市町村，益城町内でも地域によってはボランティアがほとんど来ない地区がある等，大きな格差が生じた。

　またボランティアによる支援の内容も，瓦礫撤去等の被災地の支援としてわかりやすく，やりがいを感じやすいであろう活動には多くのボランティアが押し寄せたが，災害ネットワーク団体に対して避難所から依頼されたニーズである「徘徊高齢者の避難所における夜間の見守り」をはじめとした「被災地支援を行っているという実感がわきにくい活動」では，慢性的に人手が不足していた。地域や内容によって支援リソースに大きな格差が生じていたのである。

　このような支援のまだらは「報道のまだら」の影響が大きくあったと考えられる。東日本大震災では子どもの発達障害に関する記事はいくつかあったものの，震災時の大人の発達障害当事者の声や状況を報道した新聞記事は検索しても見当たらなかった。熊本地震でも発達障害について扱った記事は各誌10～20件程度で子どもの発達障害に関する記事がほとんどであり，わずかにある大人の発達障害当事者の声を取り上げた記事のほとんどが「発達障害当事者会」がかかわっているものであった。取材の数が少なかったわけでは決してなく，筆者が関わっている発達障害当事者会は合計で20回以上の新聞やテレビの取材を受けたが，その多くが取り上げられず，いわゆる「ボツ」になったのである。多くの場合，取材された側がボツの理由を知る方法がなく，理由のメカニズムの検証は難しいという構造があるが，障害者の生活を取り上げるテレビ番組や新聞記者に対して何度も理由を尋ねたところ，断片的には答えてくれた。たとえば取材した人の判断で他の報道内容を優先した結果である場合もあったが，取材者が取り上げたくても上司の反対でボツ，もしくは内容が大きく改変されるケースもあるようであった。ある取材者と話す中で「報道されるのはわかりやすく，視聴者の共感が得やすい内容である」ということが察せられた。つまり，障害者がいかに大変かということを伝え，視聴者の

感情に訴えかけるような内容が求められていたのである。しかし，発達障害当事者の状況は想像がしにくく，「障害がない人でも同じようなことはあるのでは」という問いに対しての説明が難しいケースが多くある。また，発達障害の特性が影響し，当事者自身がそもそも情報を整理してわかりやすく伝えることに困難があり，さらに差別や偏見の不安から顔出しができないということで報道価値が低下するとの指摘もあった。そのような状況からか，後述する「共助活動」のこともいくら説明しても，関心すらもたれなかったのである。

（6）障害特性に関わるまだら

発達障害の特性に関わる「まだら」も発達障害当事者の避難先等の様々な生活場面で直面することになった。単に外見では「障害」があることがわかりにくいことに加え，障害の特性と環境とのミスマッチにまだらがあった。

同じ診断名の発達障害でも感覚過敏やコミュニケーションの困難性も人によって大きな差があり，同じ人でも少しの環境の違いで不具合に大きな差が生じる。また厄介なのは，その日・その瞬間の心身のコンディションによっても，困難に差があるということである。

たとえば，真っ白な紙に書かれた災害情報のプリントがまぶしくて読めないという当事者がいたが，普段は白い紙を使用していても支障があるように見えない。調子が良い時はストレスと自覚していなかった音や匂いが，調子が悪い時は受け付けられないものとなる。周囲からすると「なぜそれくらいで」「この前はなんともなかったのに，なぜ今だけ？」と誤解され，周囲の不信感やストレスを招いてしまい，災害時に助け合うコミュニティから排除されることもあるのである。

2　埋もれてしまった発達障害の実態と課題——災害時の苦悩

（1）障害者支援の現場の混乱と周囲の共感を得られない発達障害当事者

このように混沌とした様々な「まだら」な状況がある中で，障害者を取り巻

く状況も大きく混乱していた。発達障害当事者も混沌とした行政・障害者支援の現場の中で，以下のような状況に巻き込まれていた。

① 相談支援専門員等の障害者支援専門職は，普段担当している利用者の安否確認にも数か月を要するような状況であったため，福祉サービス等を利用していない障害者への支援活動はニーズの確認すらもさらに後手にまわる状況であった。

② 障害者手帳を所持しておらず，福祉サービスを利用していない場合は，安否確認等のアプローチも行われなかった（行いようがなかった）。

③ 福祉避難所が開設されたものの，通常の避難所で適応できないことが確認された者が利用する二次的避難所という位置づけであり，場所も非公表であったため，直接避難することができない等，実用性に乏しかった。

④ 最寄りの避難所で不適応になっても，公的な福祉避難所が適切に機能せず，障害者の受け入れは専ら民間の自主的な避難所が中心であった[3]。さらに他の災害弱者が多く避難している場所であっても発達障害者や精神障害者を受け入れることをためらう声があった。

平時は一定の社会適応ができているように見えていた発達障害当事者が，災害が起こったことにより，次々と臨機応変な情報把握・判断・行動を迫られ，普段の「本人像」からは想像もつかないような大きな見落とし等のミスも起こり，パニックにもなっていた。社会生活や仕事に支障をきたし，学業や就労の継続が困難になるケースがあり，事情を知らない周囲は「こんな人だったっけ」と困惑することになった。特に障害を非開示にして一般就労をしていた発達障害当事者は，自分の今の状況をどう説明するのか，さらにどのタイミングで「障害」を開示するべきなのかというような葛藤を人知れず抱え込むことになった。災害の混乱が落ち着いた後で振り返ってみると，悩みや苦しみの内容は「感覚過敏」「情報の適切な取捨選択の苦痛・困難」「コミュニケーションエラー」「普段のルーティン維持の困難性」等がきっかけとなっているが，それを周囲が知ることは難しい。

このような状況の中で，発達障害当事者は自らの苦悩を「どうせ話しても無駄」と口をつぐむようになり，「つらい」という声をあげることさえもためらわれ，自傷行為等によってかろうじて自分を保っていた発達障害当事者もいた。

（2）発達障害当事者の表現し難い・可視化されない苦痛と苦悩

熊本県発達障害当事者会 Little bit⁽⁴⁾ のメンバーの語りから気づかされたことが，普段から大変な状況に置かれていることが認識されにくい社会構造が幾重にもあり，周囲の理解を得難く，理解されたとしても「それは大変だ」という共感は得にくい状況があることだった。

筆者は，発達障害の特性による苦悩・ストレス・パニックが複雑に絡み合い，一見なんとか社会生活をこなしているように見えても，常に精神的に追いつめられている当事者の声を聴いてきた。熊本地震における周囲の環境の激変の結果，避難所等で「共にそこにいること」ができず，抑圧や排除の構造が生じたと考えられる。発達障害当事者が災害時にどのような困難を感じ，周囲とどのような軋轢が起こりうるのか熊本地震での実際の事例をもとに考察したいと思う。

事例1　情報の取捨選択と優先順位の混乱で生じる避難行動の課題

地震直後，発達障害当事者を苦しめたのは，「どこに避難をすることが最も安全なのか」「そもそも避難をするべきなのか」という問題であった。災害初期には携帯電話がほとんど通じず，テレビやラジオがないと外の様子がまったく把握できず，先の見通しがイメージできないと行動することにためらいが生じがちな発達障害当事者にとっては，災害発生時に安全かつ現実的な選択肢は何か，選択をするにあたっての判断の要素をどう考えればよいのか等で，激しい葛藤や混乱が起こった。また SNS では避難を促す情報があふれる一方で，「すぐに避難することはかえって危険」という，相反する情報も同時にもたらされた。

間を開けずに起きた激しい地震は道路を寸断し，慢性的な渋滞やガソリン不足を招き，避難する過程での種々の問題や危険がある一方で，自宅避難しようとしてもライフラインが停止し，自宅で生活できない地域も多かった。また，想定を超えた数の被災者が殺到した避難所も多く，対人関係に不安がある発達障害当事者にとって避難を

ためらう要因になった。これに加え，キャパシティーを超えた避難所は被災者の受け入れそのものを一時ストップしたため，情報の取捨選択にリソースを割きがちな発達障害当事者にとっては判断に迷い続けることが大きなストレスになった。

デジタル機器の扱いが得意な場合はスマートフォンでの検索を駆使して安全で水や食料がある場所にたどり着けた者もいたが，「色々な人と連絡をとったけど，避難した方がいいという人とやめた方がいいという人がいて，一体どっちが正しいの！」と混乱する者もいた。

情報を整理し，今の自分にとって適切な判断に至るまでの過程にリソースを割いてしまう発達障害当事者の場合，情報が少ないと偏った判断になりがちで，逆に多すぎる情報があってもキャパシティーオーバーから思考停止になる場合もあり，頭も体も身動きがとれない状況になったのである。

事例2　感覚過敏による耐え難いストレス

感覚過敏をもつ発達障害当事者の避難所生活は毎日が「音」「におい」「光」との闘いであったといっても過言ではない。発達障害当事者会のメンバーBさんは以下のように語っている。

「私にとって何よりつらかったのが避難所での音や匂いでした。やっとウトウトしかけたと思ったら誰かの咳払いで目が覚め，寝息やヒソヒソ声が耳について落ち着けず，さらに苦手な救急車のサイレンはひっきりなしに道路を行き交い，昼夜を問わずヘリコプターの飛ぶ音がしました。そしてお風呂に入れない避難者が多かった中，日に日に濃くなる"生肉が腐った臭い"のような，人々の体臭に悩まされました」。

スマートフォンにもたらされる緊急地震速報は，大きな揺れが来る前の心構えになる一方で，夜中でもけたたましくなり続ける特有の警報音のため，音の感覚過敏がある発達障害当事者にとって拷問のようなものであり，一般の人には気がつきにくい苦しみの時間であった。社会問題ともなったエコノミークラス症候群予防のためのエクササイズは，娯楽が少なく，運動不足からストレスがたまりやすい避難所で，子どもから高齢者まで多くの被災者に好評だった。一方で，体育館や公民館の大ホール等の音が響く場所で大音量の音楽が流されたため，聴覚過敏がある発達障害当事者からは，反響音から生じる不協和音によって「吐き気や頭痛が止まらない」という訴えが数多くあったが，身近な人にさえ深刻に受けとめられなかった。

事例3　障害を解消するためのツールの活用を阻む対人・社会構造

ある音響メーカーから，反響音等の発達障害当事者にとっての不快な音を大幅に低

減させる調音パネル素材で作られた「カームダウンボックス」という箱の寄付があっ
た。その中に入ると感覚過敏のストレスが大幅に軽減されるのだが，周囲から奇異な
目で見られることをおそれて利用をためらう状況があった。そのため，周囲からは何
のために必要かわからない邪魔な箱とみなされた。広い避難所のスペースの片隅に設
置され，避難所運営に支障を来すような状況ではなかったにもかかわらず，撤去を強
いられてしまった。感覚過敏による苦しみから解放される方法が目の前にあったにも
かかわらず，発達障害当事者はただ口をつぐみ，耐えるしかなかったのである。

写真終 - 3　特に聴覚過敏のある当事者に役立った
カームダウンボックス（筆者撮影）。

事例4　日常のルーティンが崩れ見通しが立たない苦悩

　熊本地震は余震の多さでも知られている。余震がいつ終わるのか，それともさらに
本震以上の強い地震が起こるのだろうかという，いつ日常の生活に戻れるのかわから
ない不安は，発達障害当事者ではない人ももっていたが，発達障害当事者のストレス
はもっと深刻であった。生活の見通しをもてないことによって不安になる範囲が広く
深く，多くの人には些細と思えることでも不安の原因になり，ストレスの度合いも大
きい。事例2のBさんは次のように語っている。

　「私が安眠するのに必要な，愛用してきたぬいぐるみがあります。ですがこれを避
難所へ持っていけませんでした。この日から私の眠れない日々が始まります。疲れが
限界に達した頃に力尽きるようにして4時間程度眠る，という睡眠のサイクルとなり
ました」「日中も寝つけないものの疲れているので動きが日々悪くなり，最終的には
ほぼ寝たきりになっていきました。睡眠が侵されたうえに，次は食事も満足にできな
くなります。いつありつけるかわからない食事，いつ尽きるかわからない飲み物。避
難して数日はギリギリの状態でした。私にとって日頃のルーティンがこなせないこと
はストレスの種となっていくのですが，避難所ではルーティンをこなすどころか今夜

寝る場所すらもあいまいな日々が続きました」。

　この「寝る場所があいまい」という言葉は，安心して寝ることができる場所が確保できるのだろうかという心配を指しているのではない。「ここで寝てよいのか（自分がそこに存在してよい場所なのか）を迷い続けてしまう」という意味である。Bさんは，避難所で「自分はここに寝る」と決めていた場所に他の人が寝ており，他の場所で寝るという発想に至らずに混乱してしまった。物理的に寝るスペース自体はあちこちにあったのだが，一度この場所で寝ると決めた，つまり見通しを立てたBさんは，たとえすぐそばに物理的にはスペースが空いていても「自分はここで寝るものだ」というイメージが崩されたことによって，どうしてよいかわからないという思考で一杯になる。

（3）「普通」にふるまい続けなければならない苦悩と差別へのおそれ

　Little bit のメンバーの中には，障害が見た目ではわからないだけでなく，しばらく接したとしてもわからない人も多い。「ある程度」はカモフラージュできてしまうということと，障害を開示したことによって様々な不利益を被った経験等から，普段，発達障害があることを周囲に開示せずに生活している人も多い。熊本地震発生時，Bさんは民間のシェアハウスに暮らしていたが，シェアハウスのメンバーでBさんに障害があることを知る者はいなかった。以前，障害者支援の職場で働いていた時に職場で障害を開示したことで，障害があるから○○はできないと決めつけられ，仕事への支障がかえって増大した経験からシェアハウスでは自分の障害を隠し通すという決意をしており，筆者は様々なトラブルや困難について地震発生以前から本人から定期的に相談を受けていた。本人の努力と筆者や他の支援者による環境調整の提案により試行錯誤を繰り返し，一つひとつ問題解決にあたっていたところであった。しかし，避難所というプライベートな時間・空間をともに確保することに困難がある環境にあって，自室で周囲の目を気にせず，自分らしく過ごせる時間も皆無となり，常に自らの障害のことを気取られないように気を張り続けるストレスにさらされ続けることになったのである。

事例5　自覚できないストレスと困り事のアウトプットがままならない苦悩

　Ｂさんは普段の生活において，自分の困り事を他人に話すことはほとんどない。それは困ったことを相談するまでにたくさんのハードルが存在するからである。「避難所で他人の体臭を生肉の腐ったにおいに感じて困っている」という例で考える。もちろんその人が好んで生肉臭を発しているわけではないし，指摘すれば相手を不快にする。また，伝えたところで，それがいかに苦痛かという度合いを伝えることは難しい。今まで「それくらい我慢できないのか」と言われ，何度も傷ついてもいる。また，苦痛を具体的に言語化するまでに時間がかかるうえ，自分自身にストレスが蓄積していることを自覚しにくい特性がある。Ｂさんは地震直後の周囲の状況と自己の感覚のあり方について以下のように語っている。

　「感覚過敏やフラッシュバックや予定変更によるパニックといった，様々な特性がある私に襲いかかった災害，さぞかし大パニック……と思いきや，自分でも拍子抜けするほどに落ち着いていました。今日は立ちくらみが酷いなあと思っていたら，近くの棚の酒の瓶が次々落ちて沢山割れて，周囲から漏れ出た悲鳴から，ようやくこの立ちくらみは私だけのものではなかったと理解したのです」。

　子どもに対しては「自分の気持ちをうまく言えないだろう」という前提が周囲の人々に共有されているので，周囲の大人は本人の思いや希望を注意深く確認することだろう。一方，大人になった発達障害当事者は様々な経験や学習を積み重ねている場合，平時には表面上，特に不具合なく受け答えをしているかのように見えるので，周囲から困っている状況を見落とされがちとなる。「認識できること／認識できないこと」「理解できること／理解できないこと」「納得できること／納得がいかないこと」「できること／できないこと」「言えること／言えないこと」の差異や波も大きいうえに，自己の心身の調子の悪化を自覚することが難しい。自分のストレスや体調の状況が認識できないことによって生じる種々の課題が災害時には顕著になるが，周囲どころか本人ですらも適切な認識が難しく，たとえ本人が認識できたとしても周囲に受け取りやすい表現で伝えることが難しい状況があった。そのため，普段から発達障害当事者の支援をしているソーシャルワーカーも震災初期の「元気そうな姿」を見たことによって油断してしまい，中長期的なニーズに気がつけなかった状況があった。発達障害当事者には感覚鈍麻があり，ストレスに気がつけないケースが少なからず存在する。たとえ元気そうに見えても，本人が支援の必要性を感じていなくても，「バイオ」「サイコ」「ソーシャル」といった多角的な視点から時間軸も考慮に入れたアセスメントとプランニングが必要であり，何度も足を運んで多角的な観点から様々なアプローチを用いて状況をこまめに確認する方法を本人と検討する必要がある。

事例6　障害者避難所を標榜している自主避難所で受け入れを断られる

　熊本地震では福祉避難所の設置が遅れ，本来障害者を受け入れるはずの福祉避難所が機能しなかったため，自主的な避難所が多く生まれたが，中でも障害者を積極的に受け入れた避難所Aがあった。

　避難所Aで中心的な役割を担っていると思われた人物に，発達障害者も受け入れてほしいと打診をしたメンバーが複数名いたが，いずれも「医療的ケアが必要な人もいるので，受け入れが難しい」とメールで伝えられ，ショックを受けていた。受け入れができない理由を詳しくは告げられず，避難を希望している本人のことを知ろうとする以前に，発達障害という診断名だけで受け入れができないと言われたことは発達障害当事者の間で様々な憶測を呼び，どこにも居場所がないという絶望感を強めることになった。

事例7　地域の発達障害のイメージ・偏見の根強さ

　発達障害当事者会が普段ミーティングで使っていた公民館が被災したり，避難所になったりして使用できず，集まって語り合うための場所の確保が必要となった。特に困り事をはじめとした整理がつかない様々な思いをありのままに表現できる場としてだけでなく，当事者ならではの生活の工夫や知恵を共有する当事者会は，災害時にこそ強く求められる状況にあった。そこでテレビ局の記者が取材に来た際にテレビ番組を通して，当事者の集まる場の必要性と窮状を訴えたところ，「アパートの一室を貸しますよ」と，ある大家から連絡があった。

　大変喜び，翌日筆者とメンバーで詳細を聞きに行ったところ，大家の態度は電話口のそれとまったく変わっていた。「住民に何気なく話したところ，猛反対があり貸せなくなった」とのことだった。反対の理由を聞いたところ「騒ぐ，暴れる，そんなおそれがある人を招き入れるなら出ていくと言われた」とのことで，さらにその大家自身も，「実は私の親戚の子どもも発達障害で。その子も確かに騒ぐんですよね。だから……」と住民の意見を聞き不安になったようであった。「今まで5年間会を開いてきましたが，騒いだりしたことは一度もありません。たとえば試行期間を設けて住民に不安がないか確認するのはどうでしょうか」と，筆者とメンバーとで様々な提案を行ったが，「貸すことはできない」という大家の意思は変わらず，筆者と当事者会メンバーは複雑な思いでその場を後にした。

事例8　障害を開示していない友人の発達障害者への偏見に直面する

　発達障害当事者のCさんは，友人とともに指定避難所に避難していた。その避難所

には騒いでいる子どもがいた。すると友人がCさんに「あの子，あんなに騒ぐなんて迷惑だよね。発達障害かな？」と同意を求めるような問いかけをした。Cさんの友人としては，静かにすべき場所で周囲のことを考慮しない言動をする典型例として「発達障害」を捉えていたことが推測される。言外に発達障害者に対する嫌悪や忌避がある可能性もあるが，「発達障害だから仕方ない」という納得するために共感を求めた言葉であったかもしれない。Cさんの友人がどのような思いだったかは不明だが，この言葉を向けられたCさんは，この友人には「障害」のことは一生言うことはできないという恐怖を感じ，ますます発達障害があることを絶対に気取られないような演技をし続けなければならない絶望感をもったとのことだった。

　発達障害当事者同士が安心して自分の思いを語れる場をソーシャルワーカーが設定したことによって，災害時に発達障害当事者は，ただ自分の困ったこと

新型コロナ禍	豪雨災害	生じた状況
外出の「自粛」というあいまいな行動制限がいつまで続くのか見通しが立たず苦痛	車が水没し，車中泊はできず，感染の不安から避難所に行くべきか葛藤している	「避難所にいくべきかどうか」で熊本地震の時以上に判断要素が複雑化している
感覚過敏が原因でマスクの着用に大きな苦痛を感じる当事者が存在する	避難所でマスクをつけていないと非難されるのではという不安	周囲から非難されるのではないかとの不安から避難所避難のハードルが高い
家族同居者の一部は障害に無理解な家族との接触機会が増え，ストレスになっている	被災し，家族と一緒に避難をすることが更なるストレスになっている	新型コロナ禍では在宅避難を推奨する意見も多く，なぜ「実家に避難しないか」等と言われるととてもつらい
外出に対する不安の解消がいつなされるのかが見通しが立たない	公共交通の運休・道路寸断・車の水没等，移動手段が大きく限られている	普段活用している相談支援・医療機関等，生活に必要な場所にアクセスできない
仲間との外食や会合が大きく制約され，同じ感覚を持った者同士で悩み等を語り合う機会を持てない	炊き出しや相談会等の熊本地震での取り組みも実施ができない	些細と思われそうなニーズを安心して表明する機会が大きく制限されている

新型コロナ禍 × 災害【複合的・重層的な見えざる抑圧】

図終-1　新型コロナ禍・令和2年7月豪雨における発達障害者

出所：山田裕一（2020）「非常時における発達障害児者の合理的配慮のジレンマに当事者と向き合うソーシャルワーク」（日本社会福祉学会研究大会）より一部改変。

図終-2　MIZICA と発達障害者災害手帳

『MIZICA　特集熊本地震と発達障害』（左）特定非営利活動法人凸凹
ライフデザイン編，2016年12月。熊本地震により被災した当事者，ま
た支援者の率直な声が掲載されている。『発達障害者災害手帳』（右）
特定非営利活動法人凸凹ライフデザイン／山田裕一編，2020年8月。
熊本地震後に作成した同様の冊子を，令和2年7月豪雨災害に際しブ
ラッシュアップしたもの。
研修会・ワークショップ等の問い合わせは littlebitkumamoto@gmail.
com まで。

を相談するということにさえ通常では考えられない二重三重の「重層的なハー
ドル」が存在し，環境と支援のミスマッチが起こっていることの認識が難しく，
伝えられずにいたことを自覚するに至ったのである。また熊本県の人吉・球磨
地方で起こった「令和2年豪雨災害」では，コロナ禍でもあり，図終-1のよ
うに更に事態は複雑化した。そういった発達障害当事者の生の声を伝えている
のが『MIZICA　特集熊本地震と発達障害』である。また，その教訓を生かし，
発達障害当事者の視点から災害時に必要な支援を可視化し，周囲に伝えやすく
するために作成したのが『発達障害者災害手帳』である。本書は発達障害当事
者団体が主体となって編集されており，多様なタイプの発達障害当事者が意見
交換をしているだけでなく，専門職者や家族等の周囲の人々の思いも掲載され
ているので手に取って当事者ならではの表現に触れてみてほしい。

3　災害時における合理的配慮という概念の課題

（1）災害時における障害者差別解消法の射程と機能不全

　熊本地震が発生した2016（平成28）年4月に障害を理由とする差別の解消の推進に関する法律（障害者差別解消法）が施行された。不当な差別的取り扱いの禁止の他，行政機関には合理的配慮の提供義務，会社組織や個人商店も含んだ民間事業者には努力義務が課せられた。

　避難所をはじめ，様々な場面で合理的配慮を求めることを試みた。しかし，事例で紹介したように，合理的配慮がなされるには様々なハードルが立ちはだかった。

　障害者差別解消法で合理的配慮が提供される要件として，「障害者から現に社会的障壁の除去を必要としている旨の意思の表明があった場合」で，「（社会的障壁の除去の）実施に伴う負担が過重でないとき」に「社会的障壁の除去の実施について必要かつ合理的な配慮をしなければならない」となっている[5]。

　熊本地震における発達障害当事者は，この合理的配慮を求めるまでの過程が大きな問題となった。さらに，大変な状況に置かれていることが周囲から認識されにくい，表終-1のような社会構造が幾重にもあるために，周囲の理解を得難い状況もさらにあった。

　このような状況の中，障害者差別解消法を適用し，解決することには困難がある。例えば避難所は法が対象とする「行政機関」「事業者」にあたるのかどうか不明確であり，仮に対象となる事業所と認定されたとしても，「当事者からの意思表示」という条件が問題となる。前述したように発達障害当事者は「困り事を自覚しにくい」という特性がある者が多く，また自覚できたとしても自分の状況を整理して相手に伝えることが困難である場合がある。努力して伝えたとしても独特な伝え方になってしまい，単に伝わらないだけでなく誤って伝わり，それを修正できずかえって望まない対応をされることもあった。また，伝えたいことが的確に伝わったとしても，「それくらい我慢すべき」「大したことがないのに騒ぐな」「みんな大変なのにわがままを言うな」と言われ，

表終-1 合理的配慮の申し出が届くまでの重層的な困難

1．困難を表現すべきものと自覚するまでの困難
　① 心身の不調があっても，休むべき・治療をすべき状況ということが自他ともに認識しにくい。
　② 感覚過敏や感覚鈍麻など，自分の感受性と周囲の感受性が異なることに自他ともに気がつかず，「みんな同じような苦しみがあるのでわざわざ伝えるべきことではない」と考えてしまう。
2．（自覚したとして）困難を表現し，伝える困難
　① 伝えることを試みたが，言葉足らずで状況が伝わらない，もしくは深刻なものとして周囲には受け取られなかった。
　② 周囲につらさを訴えたが，内容に対して災害時に配慮すべきものという妥当性を理解してもらえない。
　③ 配慮を求める過程で伝えるタイミングや言葉選びをはじめとした表現の仕方等から，自分のことしか考えていないかのように受け取られてしまい，かえって反感をかってしまった。
　④ 周囲のわずかな環境の違いや本人の心身のコンディションによって，困難の有無や度合いが変化することがあり，環境の変化の大きい避難所等では，一貫性がないと思われ周囲の不信感を招きやすい。
　⑤ 伝わらないもどかしさから感情的・一方的な表現になり反感をかう。
　⑥ どうせ伝えても無駄と思い，伝えることをあきらめる。
3．（表現したとしても）合理的配慮の具体策を検討する困難
　① 困難が伝わったとしても，どのような解決方法があるか，具体的提案が思いつかない。もしくは問題を整理することが困難。
　② 具体策を提示したとしても，周囲がイメージする本人の困難性の度合いに対して，周囲の負担や手間を妥当と思わせることが困難。
4．（伝わったとしても）差別や偏見に関する問題
　① 障害を開示することにより，反感や忌避の感情を周囲にもたれる不安。
　② 一時的な配慮を得られたとしても，「感謝の気持ちが足りない」「わがままだ」という個人への悪感情の払拭が難しい。
　③ 発達障害に対するステレオタイプイメージが根強く，長期的に不当な取り扱いを受けるおそれがある。

出所：筆者作成。

表現する機会・意欲を失ってしまった。

　さらに「過重な負担にならない」という要素が加わってくる。東は「合理的配慮の提供によって保障される障害者の人権や平等な機会又は待遇を受けることの重要性，さらにはこれらが奪われることによって生じる被害の性格や程度を考慮してもなお，それらを超える著しい不利益が相手方に生じる場合を『過重な負担』というべきである」と合理的配慮の「過重な負担」に関して述べている。熊本地震において発達障害当事者にとって必要であった合理的配慮の多

くは周囲の人々にとって，「それくらい我慢できるはず」のものであり，いくらつらいと訴えても「大したことがない」とみなされることが大半であった。そして，周囲の人々も被災し，生活上も心理的にも余裕がなくなっている状況で，「過重な負担ではない」ことを誰がどう判断するのかということも問題となる。合理的配慮の概念は特に身体障害者と健常者との間のコンフリクトを解消することへの寄与が期待されているが，配慮をすべき「合理性」の判断のあり方について明確な基準はない。既存の常識や慣習が影響する余地が大きいのである。物事の感じ方や捉え方に大きく隔たりがあるということを想定せずに導き出された「合理的なあり方」は発達障害当事者が感じている世界からすると不条理である可能性がある。熊本地震でも「つらい」「配慮してほしい」という申し出そのものが「こんな大変な時にそんなことで」という非難・反感の対象になりやすかった。つまり，合理的配慮の申し出そのものが，発達障害当事者にとって幾重もの心理的負担や社会的不利を生みだし，負担を軽減するために行う配慮の申し出によって生じたストレスが原因で体調にも影響することもあった。合理的配慮を求めるかどうかの天秤にかけ，常に悩み続けることになり，地域住民はおろか，医療や福祉の専門職者に対しても合理的配慮について対等に対話ができない構造があるのである。

（2）合理的配慮の申し出の大きなハードルとなる根強い差別と偏見

　発達障害当事者の多くは，感覚過敏等により，指定避難所の環境が耐え難く，周囲から他者への配慮の気持ちがないとみなされがちであり，指定避難所で過ごすことが困難であった。熊本地震発生当時は指定避難所で過ごすことが難しい障害者・高齢者等の二次的避難先として想定されていた福祉避難所の利用調整もうまくいかなかった。そうした状況の中，行き場がなくなった障害者を積極的に受け入れていることを標榜する指定外避難所においても「発達障害」という障害名を告げたところ，「受け入れできない」と言われてしまった。

　発達障害という名称が啓発・周知され，社会的理解が広がった一方で，偏見も広がった面もある。避難所等で合理的配慮を求める場合には，原則として自らの障害を開示する必要性が生じる。障害を開示するつらさ・不安と，合理的

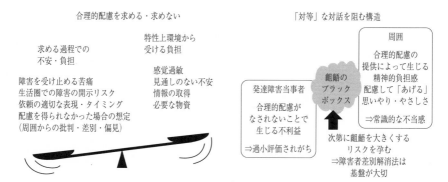

合理的配慮を求める・求めない　　　　　　　　「対等」な対話を阻む構造

求める過程での　　　特性上環境から
不安・負担　　　　　受ける負担

障害を受け止める苦痛　　感覚過敏
生活圏での障害の開示リスク　見通しのない不安
依頼の適切な表現・タイミング　情報の取得
配慮を得られなかった場合の想定　必要な物資
(周囲からの批判・差別・偏見)

周囲

合理的配慮の
提供によって生じる
精神的負担感
配慮して「あげる」
思いやり・やさしさ

⇒常識的な不当感

齟齬の
ブラック
ボックス

発達障害当事者

合理的配慮が
なされないことで
生じる不利益

⇒過小評価されがち

次第に齟齬を大きくする
リスクを孕む
⇒障害者差別解消法は
基盤が大切

図終 - 3　合理的配慮の求めに関する「障害」

出所：筆者作成。

配慮を求めないことで起こる苦悩を想像し，天秤にかけざるを得ない状況に追い込まれるのである。

（3）合理的調整のあり方・作法の再検討

　障害者差別解消法施行から5年以上が経過した今日でも，発達障害に関する合理的配慮のあり方や具体的方法は手探りの状況である。合理的配慮の検討のスタートラインまでに多くのハードルが存在し，さらにハードルのメカニズムどころか存在すら可視化されない状況にある。

　また，障害者の合理的配慮の必要性について検討する際に，「思いやり」「やさしさ」の延長線上で語られることが多い。それは広く合理的配慮に対する関心や共感を得るためには，一定の効果があるかもしれない。しかし，それでは人権を守るために行う合理的配慮の本質が霞んでしまいがちになる。特に発達障害当事者の合理的配慮の申し出から検討をする過程では，周囲の人々に困惑や不快感，不安を抱かざるを得ない場合が多い。特に災害時という人々に余裕がない状況の時はそれが強くなりがちである。

　こうした状況を変革するためには，平時から合理的配慮のあり方の検討のみならず，地域でインクルーシブな防災について検討する，「発達障害当事者と地域の人々の相互理解の場」を定期的に作る必要性がある。「障害者と防災」

表終 - 2　障害当事者とソーシャルワーカーが協働する研修のあり方の検討

	専門家主導講演型研修	当事者会主体課題発見型双方向研修
研修に対する参加者の姿勢・意識	・共に考えていこうという視点が抜ける ・発達障害は問題がある人という目線	・既存の常識にとらわれず，当事者から学ぼうという姿勢の人も多い
参加者が得たであろうもの	・一般的な知識を得ることができる ・支援のサクセスストーリーの一例を知ることができる	・（発達障害のことが）かえってわからなくなり，より当事者と対話し，考え続けようとする視点・モチベーション
メリットデメリット	・「一般的な知識」を得るには効果的 ・（他の人との）共感も得られた気がする万能な安心感，多数派感に浸れる ・発達障害に対する固定観念を生みかねない ・（発達障害を）理解したつもりになる	・一般的な知識を打ち壊して発達障害観を再構築できる ・固定観念を揺るがされる不安感 ・発達障害者の「複雑さ」という現実的な側面を実体験 ・多様な価値観をシェアできる

出所：山田裕一（2017）「発達障害当事者会主体課題発見型双方向研修における実践と課題２——熊本地震を題材とした合理的配慮を考える研修を中心に」（立命館大学人間科学研究所年次総会研究発表）を一部改変。

に関して，東日本大震災や熊本地震の経験等を踏まえ，検討する機会は増えてきており，様々な研究や講演等が行われている。ゆめ風基金等の障害当事者団体の活動をバックアップする様々な団体が，障害当事者や家族が生の声から検討する機会も増えてきた。ただ，発達障害当事者が直接声を届ける機会は Little bit 関係者がかかわる講演会等以外でほとんど確認ができていない。Little bit では発達障害当事者会が主体となって「当事者会主体課題発見型双方向研修」を「就労」「療育」等のテーマで10年以上実施しており，「発達障害と災害」というテーマでも専門職との対話型研修や地域住民とのワークショップ等も企画・開催してきている。障害者と災害をテーマにしたイベントでも発達障害のことが話題に上がることは少なく，身体障害の当事者が講演会やシンポジウムで登壇することはあっても，発達障害当事者が公の場で語る機会は少ない。本書をきっかけに発達障害当事者の生の声が語り，フィードバックを受

ける機会が様々な場で得られることが期待される。微妙な感受性の違いによっておこる行き違いを十分に想定し，発達障害当事者が自分の思いを安心して発信できる「対話の場」を創るために，「代弁」「環境調整」「ソーシャルアクション」等のソーシャルワークの視点・実践が求められるであろう。合理的な「配慮」から，障害の有無にかかわらず異なる感受性を持つ人々同士が合理的調整ができる対話の場創りである。

（4）災害発生時に発達障害当事者の声からソーシャルワーカーが学ぶべきこと

　発達障害当事者会メンバーとの普段からのかかわりと，災害時でも自分の視点だけでなく他の発達障害当事者メンバーの視点も借りながら多様な特性がある複数の発達障害当事者と継続的にかかわったことによって，発達障害当事者が「自身のニーズ」を「他者に伝わる形」で表出することが困難であるメカニズムがおぼろげながら見えてきた。災害時という緊急事態では被災者の苦悩や困り事，そしてそれに基づく要望に耳を傾けるだけでなく，それらの生の声を「ニーズ」に変換し，ニーズを満たすために迅速かつ的確に環境を調整することが必要になる。事例でみたように，災害が起こったことにより，心身の調子を崩し，生活に大きな支障を来すことが明らかに予測される，もしくはすでに身体症状等の SOS のメッセージが表れ始めているにもかかわらず，それが誰にも認識されない状況がそこにあった。

　熊本地震の経験を通して筆者がソーシャルワークのあり方として学んだことは，災害時には表現されていないニーズをいかにして表出させるかということ，そして明確化するまでの過程である。声なき声をキャッチするためには，「被災者」と名づけられる人以外の人々の多様な形の表現をキャッチできるアンテナを伸ばし，思いを巡らす存在が重要になる。ソーシャルワーカー個人が「微視的な視点」をもち，個人の感性を研ぎ澄ますことも必要だが，社会環境に働きかけることに専門性の一つを見出すソーシャルワーカーが，被災者が置かれている状況，心理状態，社会構造との関連を理解し，想像する「巨視的に捉える力」を併せもつことの重要性を感じた。災害時の追いつめられた状況では，発達障害者は特にニーズを適切に表明できなくなってしまう構造があり，支援

をすべき「被災者」として認識されにくい状況が生じる。また，複雑に絡み合う，苦悩や困り事を解きほぐし，どの場所からどういった社会資源を活用し，どのようなアプローチをとり得るのか，それをどう組み合わせるのか，状況に応じて臨機応変に考えを巡らし，理想と現実との狭間で試行錯誤することを迫られる。

　災害時に効果的な試行錯誤をするためには，ソーシャルワークを行うための体制を想定し，下地を作っておくことも重要となる。たとえば，ある震災支援ネットワーク団体では，公的避難所等の「(明確な) 被災者」や災害時要援護者のみに対応するのではなく，路上や公園に停車している車にも声をかけ，「手土産」を持って何度も足を運ぶことで，表出しにくいニーズを本人と一緒に取り出せる機会を多く作っていた。

　ニーズを見出した後は，お互いの時間や立場の制約を考えながら，周囲の環境を含めた自身で何が可能か，視野を広くもって想像することが，より多く深くニーズを捉えることにつながる。本人から表明された要望を「ニーズ」に変換し，つなぎを行う。一人のソーシャルワーカーができることは限られる。災害時にあってはなおのことである。被災時には，平時であれば「何とか収まっていた」課題があぶり出され，複数の問題が絡んで複雑化した形で立ち現れることも多い。対応には様々な専門性が必要である。

　本人の要求を実現することだけでなく，同時にその背景にあるニーズを探り，必要な要素や手段を考え，専門機関等につなげることや必要な社会資源を創り出すことが重要である。そのためには，日頃からソーシャルワーカー自身が専門機関だけでなく，インフォーマルなものも含めた地域の社会資源と具体的な形でつながっておくとともに，ニーズを表出しにくい人々とのつながりを広げることが重要である。

　Little bit は熊本地震後，生活困窮者を支援するネットワークにおいて以前から交流があった人々を通じて，地震発生数日後に設立された震災支援ネットワーク団体に加盟した。避難所等の巡回相談や，物資の提供，炊き出し活動を通して被災者の思いを傾聴し，医療・福祉機関や民間の社会資源とつなぐ等の活動を行っていた。最も特徴的だったのは，公的な避難所に行けず，「車中

泊・テント泊」をしている人々の実態調査と相談支援を行ったことであった。筆者も当事者会のメンバーとともに，自然発生的に避難先となっていた公園や駐車場等数十か所での巡回相談を行った。発達障害当事者にとっては特に，毎夜の活動で身体的負担も大きかったが，「参加の義務があるものではない」ということを繰り返し伝えたところ，それぞれが体調や状況に応じて活動するようになった。回数を抑えて参加するメンバー，自分の得意な活動に限定して参加するメンバーもいたが，当事者会としてはコンスタントに支援活動を行うことになり，周囲にも頑張っている人たちだと認知されるようになった。

　当事者らにとってはその結果，自己肯定感の回復や，安心して周囲の人に障害を含めた自身のことを話せる機会につながった。周囲の人も，支援活動仲間である当事者たちの，多数派とは異なる感受性についての話題も関心をもって尋ねる場面も見られた。肯定的なフィードバックを受けたことがきっかけで，当事者の声を幅広く伝える媒体として『発達障害者災害手帳』や『MIZICA特集熊本地震と発達障害』等の出版にもつながった。当事者が，悩みを聴いてもらう側から聴く側に，支援されるだけではなく支援をする側になることで，周囲の人々から「障害者の〇〇さん」と眼差されるのではなく，まず同じ目標・目的を共有した「活動仲間」として見られた。周囲は本人のストレングスに先に触れることになった。後から様々な課題が出てきたとしても，「発達障害の人って不思議だけど面白い」「ちょっと困るところもあるけれど，活躍していたしな」という周囲の認識が形成された。

　ある発達障害当事者の共助活動参加者は，「目に見えない障害をもっているからといって，支援を待つストレスを抱え続けるのではなく，取り残されないためにも自らアクションを起こしたことは，とても大切な経験になったと感じています。色々と考えながら，自分にもできる共助活動をしたことで，他の参加者の方々に発達障害をオープンにすることができて，その結果コミュニケーションの緊張が少し楽になったり，安心したりもできました」と自分の障害を安心して話すことができたと語っている。また，「（2016年）7月になった今，私は療養中ですが，一所懸命やらせてもらえたおかげで，今度は支えてもらうことができています。あのとき，アクションに移しておいてよかったです。自

分の財産にもなったし，自分を振り返って『私にもできたことがある』と，こ
れから先に自分を励ましたいときのフィードバックと糧になってくれている気
がします」と振り返った当事者もいた。共助活動に参加したことが，自身が支
援を受けるハードルを下げ，安心感にもつながり，当事者と支援者でよりよい
関係性を考える好循環のきっかけとなったのである。

　これは，災害弱者を助けるという発想だけでは決して起こり得なかったこと
である。この状況が作られたのにはいくつかの要素があったと考えられる。

　まずは発達障害当事者団体が長年地域で活動を展開しており，当事者同士の
状況をよく知っていたことである。定例会を定期的に開き，異なる他の当事者
の特性を知る機会が多くあった。それは単に違う特性をもつ目の前の相手のこ
とを知るだけでなく，「想像もつかないような特性があり，様々な対処法をと
もに考える機会をもった」ということでもある。それがある部分では支援者・
専門家よりも，思考の幅を広げ，試行錯誤する視点・経験につながり，災害時
の特異な状況でも，「こういう可能性があるかもしれない」とお互いに考える
ことができた。困ったというところで終わるのではなく，自分たちができるこ
とをするという意識をもち，ネットワークを活用して避難所や自宅に水や食べ
物，特性に配慮したグッズを届けたり，一緒に調理をして食べたりした。震災
支援ネットワーク団体加盟団体としては，一般の人に対して炊き出しや傾聴，
避難所相談支援にかかわり，その活動は後に就労にもつながった。

　当事者が主体的になれる場があったこと，障害のネガティブな部分以外をみ
てもらえる機会があったことが大きかったといえる。そして，その経験は安心
して支援を受けることにもつながったのである。

　発達障害当事者が共助活動を開始するまでは，「つらいのに誰もわかってく
れない」「助けてくれない」という状況であった。しかし，Little bit メンバー
で集まった時に「何かできることがないかな」という声があった。ただ，どう
してよいかわからない。そこで震災支援ネットワークに加盟することを提案し，
不安がある連絡調整等を行い，継続して参加するようになり，それぞれの役割
を見つけ，そして，顧問ソーシャルワーカーがそばにおらずとも自分たちだけ
でも共助活動を行うようになったのである。

- 支援を待つのではなく，自分たちの力を還元する活動の開始
  - 震災支援ネットワーク組織に加盟「最も小さくされたものに偏った支援を！」
- 些細なニーズでも傾聴され、共に考えてもらえる環境
  - 同じ障害を持つ当事者のためにピアによる相談支援活動
- 避難所での相談支援、在宅被災者の様々な困りごとを他団体につなぐ
  - 被災者全般の車中泊調査・炊き出し・夜回り相談にも参加
- 支援する／されるという関係性の一時的な逆転
- 活動を通しての気づき
  - 「聴いてもらう側」から「聴く側」になる体験による当事者の心理的変化
    - 自分たちでも役に立つことができるという自信の回復
    - 支援する側に回ったことで安心して自分も支援を受けられる
  - 活動を共にする他の団体の人々の認識の変化
    - 障害者の○○さんではなく同じ目標を共有した仲間
    - 「発達障害の人って不思議だけど面白い」（ネガティブイメージが先行しないで済む）

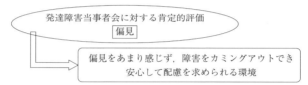

図終 − 4　発達障害当事者主体共助活動がもたらした意義

出所：図終 − 1 と同じ。

　障害特性上の困難に対する活動のためのサポートは必要性はあり，顧問ソーシャルワーカーはそのサポートを行うことで，本人だけでなく会につながりのある多数の当事者の支えにつながり，エンパワメントに資することができる。

　サポートの例として，被災後にはすべきことが目の前にたくさんあるため，どこから手をつけるとよいか一緒に考えたり，優先順位を整理したりする。また，自覚しにくい疲労について注意を促したり，時には多少の無理をしてもやってみる挑戦に伴走したりすることも重要だろう。

　当事者の「取りくんでみたい」思いを具現化する方法をともに考え，一人でできないことについては実現に必要な要素を考え，他の人や団体の力を借りることを提案する。そのためにソーシャルワーカーが把握している社会資源の活用可能性を探り，つなげることが大切である。特に非常時で不安感が強くなっている時には，信頼できる人からの情報であるという安心感が大切になる。

　また発達障害当事者は特性上コミュニケーションのずれが起こる場面も多い

ことを想定しておき，つないだ後の不具合があった時にはつなぎ先との交通整理役となり，当事者のネゴシエート（代弁），双方の緩衝材になることも役割として担うべきだろう。

　発達障害当事者は役割のある居場所がつくられることで，安心して支援を受けられるようになることも多い。自己有用感があり，やりたいことへのモチベーションがあることが，そのための支援を受けようという気持ちを支えるものになる。ソーシャルワーカーは，本人の困り事に対応する環境調整のみにとらわれず，本人が主体的に自分の思いを言える，地域の一員として役割を果たせる場づくりをサポートすることが重要な役割である。その前提として大切なのは，本人の魅力や可能性を発見し続けようとする姿勢，理念をもち，災害が起こる前から本人と周囲とが互いに肯定的なつながりをもてる懸け橋になることであろう。

注

(1)　山口喜久雄（2018）「熊本地震の特徴——被災者の避難行動から見えるもの」『トラウマティック・ストレス』16（1），69〜77頁。

(2)　「こころをつなぐよか隊ネット」，現在の一般社団法人よか隊ネット熊本（https://yokatainet.or.jp/）。なお「こころをつなぐよか隊ネット」は2016年10月に益城町地域支え合いセンターみなし仮設部門を受託，後に法人を分離し，受託法人は現一般社団法人 minori（http://minori.main.jp/）であり，令和２年豪雨災害支援，コロナ禍生活困窮者支援等積極的に活動している。

(3)　東俊裕（2018）「熊本地震——公的支援からこぼれ落ちる障害者」『災害復興研究』。

(4)　熊本県発達障害当事者会 Little bit（https://www.facebook.com/littlebitkumamoto）。2011年，九州では初の発達障害の当事者の会として発足した。筆者は顧問ソーシャルワーカーとして活動をバックアップしている。

(5)　慎英弘（2015）「合理的配慮に関する一考察」『四天王寺大学大学院研究論集』10，5〜22頁。

(6)　東俊裕（2015）「障害者差別解消法と合理的配慮」『法律時報』87（1）。

(7)　特定非営利活動法人ゆめ風基金（https://yumekazek.com/）。

薄れて見える障害の本質
——熊本地震の「共助活動」から見えてきた課題と展望

熊本県発達障害当事者会 Little bit 共同代表理事

須藤　雫

「発達障害からその人を見るのではなく，その人と接する中で発達障害を知る」。

　これは，ある発達障害当事者が人と関わるうえで大事な視点として伝えてくれた言葉だ。熊本地震の際，熊本県発達障害当事者会 Little bit（以下，リルビットとする）は震災支援ネットワーク団体に加盟し「共助活動」をスタートさせたなかで，その言葉の意味するものを実感することになった。

　共助活動とは助けを得ようとしても得られない状況にあった発達障害当事者会のメンバーの「支援を待つのではなく，自分たちができることをしよう」という思いから始まった活動である。それは，発達障害当事者同士の助け合い活動から始まった。例えば県外の当事者からの物資の運搬や筆者の自宅等を拠点としたシェルター活動等が挙げられる。

　その後，震災支援ネットワーク団体に加盟してからは，共助活動の対象範囲を当事者以外にも拡大し，炊き出しや車中泊の被災者の困りごとの巡回相談，傾聴活動等に拡大していった。

　災害が起きる前の平時では，発達障害故の「できなさ」が様々な場面で目立ちやすく，家庭や職場から呆れられるように見放される当事者も少なくなかった。しかし，災害時にはみんなが「困っている人」になったことで，障害による「できなさ」が目立ちにくくなった側面もあった。「困っている状態」が許容されやすくなったともいえる。一方で，「みんな困っているのだからそのくらいたいしたことない，大丈夫」と思われやすくもあった。障害の「できなさ」がある意味軽い問題として捉えられてしまうということが起きたのだ。

　災害時は良くも悪くも「障害（の認識）」が薄れる。共に活動することで障害を感じさせないくらいその人の良さや素晴らしさを知ることもある一方で，みんな困っているのは同じだからそのくらいの障害はたいしたことないと見られるのだ。共助活動では，スタートが「共に活動を頑張る仲間」として見られており，そこでは「発達障害」の有

無を気にする状況になかった。活動を共にする中で徐々に，「実はわたしは，発達障害で……」という話になり，スタートの印象から後で障害がわかっても深く気に留められることはなかった。「障害があってもなくても，あなたはとても頑張っていますね」という良い印象を強く持たれていたようだった。当事者本人にとっても，周囲の人にとっても「障害」を感じさせない空気がそこには生まれていた。

しかし，発達障害の本質は長く関わり続ける中で見えてくることがある。薄れて見えた「障害」は，実際は薄れていない。特にコミュニケーションにおける障害は，「喋れている＝障害ではない」と思われやすいが，思い込みやこだわり等の独特な思考・価値観から発せられる言葉で，コミュニケーションにズレが生じて周囲の他者に誤解を招いたりすることもあり，それが度重なることで徐々に周囲の他者と距離が生まれてしまうことがある。

発達障害者のなかには，生きる上での目標を見失う人も数知れない。「こうありたい」「こうしたい」という想いが，抑圧されてきた人もいる。社会に適応することを目指すばかりに深刻なうつ病や適応障害等の二次障害になり，「自分」を見失ってしまったという例もある。熊本地震の時，それまでかろうじて取れていたバランスが崩れ，アンバランスな日々を過ごさざるを得ない当事者が少なくなかった。いつも通っていた病院や相談機関に一時的に行くことができなくなったり，飲んでいた薬のストックが無くなり不安定になったり，仕事の業務内容が震災によって変わり臨機応変に対応できなかったりした。一定の日常を保つことは，発達障害の人にとっては心身の安定維持にとても重要である。それが災害によって崩れた時，発達障害者はいつも以上に「我慢」を強いられた。みんな困ってるのだからそのくらい我慢するのが当然なのだと思われると，当事者はただ何も言えなくなり，ひたすら不安定な日々をなんとかやり過ごすしかなかった。

熊本地震が起きて数日後，筆者が共同代表理事を務めるリルビットは日頃より連携していたソーシャルワーカーと連携し，筆者の自宅等を拠点とした，シェルター活動（一時避難所の提供）を開始した。そこには，避難所生活にうまく適応できなかった発達障害当事者や，家族関係が悪化し行き場をなくした当事者等が1日に約5〜6名，入れ替わりで約1か月間滞在した。

ソーシャルワーカーは，シェルター受け入れの際の窓口として，本人の特性や困り感の整理・滞在期間の調整の他，滞在中のトラブル対応等を担った。利用者の滞在中には，困りごとを聴いて筆者と共に解決策を考えたり，病院や支援機関への連絡の際に困りごとの重大さを伝える術を持ちえない発達障害当事者に代わって，「緊急性」を伝えるために介入したりした。筆者は当事者（ピア）であり，社会福祉士の資格を持ち障害者支

援の経験もあったため，ピアの視点を持ったソーシャルワーカーとして，シェルター運営をする中で，共に当事者の仲間たちと暮らしながら困りごとや不安を聴き，必要に応じてソーシャルワーカーに相談・連携を図った。そうしたきめ細かなサポートの連続により，複数の当事者らが心身の状態を立て直し，それぞれの生活に戻っていくことができた。

　災害時には，「人とのつながり」や「ネットワーク」が重要になる。それは，災害が起きてすぐに形成されるものではなく，平時からのつながりがあってこそ，強化されるものである。発達障害当事者がどのようなことで苦しみ，どのように大変な状況になるのかを，本来なら災害の時に初めて知るのではなく，平時から地域の人に知っていただくことが大切だと考える。

　ただ，地域の中で発達障害をカミングアウトするとなると，差別や偏見の問題の根深さから難しいケースが多く，容易なことではない。地元の避難所には，障害をカミングアウトするわけにはいかないから行くことができないと考える当事者もいた。障害当事者が本来望むのは，「誰かに助けてもらいたい」や「支援を受けたい」ということではない。それはあくまでも生活をしていく上で必要なことであって，本来の望みは「地域で暮らしたい」や「社会の一員として生きたい」ということではないだろうか。その点を周囲の人や支援者は捉え違えてはいけないと考える。当事者の「こうありたい」「こうしたい」を支えるために福祉や支援が最低限必要であって，福祉や支援につながっているならそれで良いとするのは，当事者の本当の意味での「ウェルビーイング」につながらない。

　災害時に，リルビットの発達障害当事者は共助活動をとおして，助けられる・支援される側から助ける・支援する側になったことで，初めて地域で自分の役割を見出し，「こうありたい」という思いを確立させた。発達障害者にとって，つながりというのは，自分を助けてくれる人との関係だけがつながりではなく，助けられる関係性以外の多様な人との関係性が大事となる。災害時に，発達障害者がバランスを保ちながら暮らし続けることは非常に難しい。しかし，バランスを保つ一助として，「人とのつながり」を持っておくことは有用であり，そのつながりの中で自分に「できること」を見出すことができれば，自分の「やりたいこと」も見つかり，地域社会で暮らしやすくなる可能性があるということが，共助活動の実践から示唆された。

　ソーシャルワーカーの平時からの役割の一つは，障害当事者を取り巻く社会資源を把握しながら環境を調整することである。しかし，災害時に発達障害者を支援する際，社

会資源の情報をある分だけすべて提供すればいいというわけではない。発達障害者のなかには，情報の取捨選択に困難性を有するひとや，情報を適切に受け取ることができないことでパニックになるひともいる。そのため，日頃から本人の障害特性や思考と行動の傾向等を十分に理解しておくことが必要になる。ソーシャルワーカーと障害当事者はしばしば「点」でしかつながっていないことがある。本人の表面的な印象や，本人から発せられる言葉だけを判断材料に支援してしまうケースも少なくない。この人はこういう人だとある意味「（ニーズの）点」を定めなければ，次につなげる「（支援の）点」が定まらないこともある。しかし，ひとつの点で定めるほど当事者の抱える課題は単純ではなく，複雑化している。複数の，そして大きさの揃わない「（ニーズの）点」が点在するのが当事者である。ソーシャルワーカーは，その点在したニーズを拾い，必要に応じて代弁しながら適切な社会資源につなぐ橋渡しの役割を担う者として期待される。また，既存の社会資源では対応できないケースについては，新たに社会資源を開発していくことも必要となる。支援をするということは，「困りごとを解決すること」だと捉えられることが多いが，ソーシャルワーカーに必要な視点がもう一つある。

　それは，障害当事者の強みや可能性にフォーカスした支援である。例えば，体調を崩している当事者への支援として，多くの支援者がゆっくり休んでもらうことや，担っている役割を一度減らすこと等を考える。しかし，当事者のなかには，反対に別の役割を担うことで気持ちを切り替え，体調を取り戻すひともいる。できないから役割を離すのではなく，できることを役割として取り戻す支援が必要なときがある。熊本地震での共助活動は，そういう意味で，多くの発達障害当事者に「役割」を取り戻す場として機能していた。災害時に，障害当事者がそのような場とつながれるようなバックアップを担うことも一つのソーシャルワーカーの新たな役割ではないだろうか。

　これらのことを実現するためには，平時からの当事者とソーシャルワーカーの相互理解が必要になる。少し接しただけではわかりにくい・想像しにくい発達障害当事者と周囲の環境の変化によってあらゆる場面で起こりうる様々な「障害」（困りごと）を周囲の人々が知る機会が必要であるのと同時に，当事者自身も地域で暮らす周囲の人々を知る機会も必要である。しかし，当事者にとってそれは容易なことではない。だからこそソーシャルワーカーの助けが必要となっていく。発達障害当事者は，災害時，特に情報の取捨選択の困難さから，情報を適切に受け取ることができずにパニックに陥り，特定の情報に固執することで視野が狭くなり追い詰められていくようなこともある。またイレギュラーな出来事が複数回にわたり起こることもパニックの要因になり，そのような環境下にうまく適応できなくなって体調を著しく崩してしまう例もある。これらの特性

に応じて，随時適切なサポートを行っていくことができるのもソーシャルワーカーの一つの役割である。ソーシャルワーカーは，発達障害当事者の特性を把握し，災害時に起こりうる困難性に着目しながら，地域で暮らす周囲の人々との間に介入し，発達障害当事者の困難性を「代弁」し，「通訳」していくことができる唯一の専門職として活躍する。ソーシャルワーカーの専門性を発揮するフィールドは今後広がっていくと考えられる。

コラム2

発達障害者の防災
——熊本地震後の発達障害者団体の取り組みから

特定非営利活動法人凸凹ライフデザイン理事長

相良真央

　筆者は熊本を拠点に当事者活動を行う発達障害当事者の立場である。筆者らが2015年に凸凹ライフデザインを設立した直後の2016年4月に熊本地震が発生したため，団体は必然的にまず被災者支援を中心に活動することとなった。

　地震後すぐ，熊本市東区に設立されたネットワーク組織「よか隊ネット[1]」に，日頃から当事者会定例会やセミナー等の連携を行っていた Little bit[2] とともに加盟し，車中泊者調査・見守り活動，炊き出しや相談等のボランティアを行った。2016年10月からはよか隊ネットが益城町地域支え合いセンターのみなし仮設部門を受託することになり，筆者は相談支援員として入職し，2020年3月の事業終了まで主にみなし仮設に入居した方々の支援に携わった。

　一方，凸凹ライフデザインでは，公民館等が避難所となり発達障害当事者会定例会の会場が必要となったことをきっかけに，居場所づくりを WAM の助成事業[3]として開始した。凸凹ライフデザインは熊本地震の約半年前，2015年10月に設立した発達障害当事者団体で，新年度から啓発事業を開始しようとしていた矢先のことであった。熊本市中央区に最大3カ所の物件を賃借し，発達障害当事者や地域の方々等の居場所として開放した。スタッフに3名の発達障害者を雇用し居場所でのイベント等を行った。

　尚，筆者自身は熊本地震発生時他県にいたため直接大きな被災はしていない。

避難所等における発達障害者の困難
　災害発生時の不安はまず，その時，そばに頼れる人がいるかどうかということである。

筆者は日ごろ自身の障害について理解がある，発達障害当事者会のメンバーや障害当事者活動仲間のコミュニティーで過ごす時間の多い生活であるため，良く考えると「災害時にも自身の障害特性について理解を示す人がそばにいる確率は高いだろう」，悪く想像すると「反対に，障害理解の乏しい人たちの中へ避難することになれば，被災の困難と障害特性による困難をより強く受けることになるだろう」。

　熊本地震後，発達障害当事者会メンバーらが避難したそれぞれの地域の避難所へ，筆者も物資等のサポートを行うため訪れた。

① 　環境の困難

　断水のため水洗トイレは通常通りには使用できず，バケツで水を汲んで処理したり，仮設トイレが設置されたりしていた。これらの環境は健常者にもつらいものだと思われる。ただ，感覚過敏を持つ筆者は，トイレのある廊下を通ることも難しいと感じた。

　人がひしめき合う避難所で，４月だったからまだ良かったものの，もしも夏であれば自身と被災者の汗のにおい等にも耐えられず，おそらく避難所内に入ることができなかっただろう。実際，においを苦におう吐してしまうメンバーもいた。雨の日など湿度が高ければにおいはより強くなり，避難所内を歩く自分ににおいの膜がまとわりついているようで，体感としても気持ちが悪かった。この感覚が強くなると，何を触るにも不安と嫌悪感が混ざり，ドアノブやバケツや支援物資さえも触れて良いのかどうか判別がつかなくなる。見えないものであっても「膜」などイメージが体感として現れ，現実と非現実が一体となり不快感として心身を埋め，それらを払拭するための行動から離れられなくなる，強迫神経症⁽⁴⁾もある筆者には厳しい状況であった。

　また視覚過敏の強い筆者は，光と視覚情報が多くなる状況が苦手である。近くにいる被災者のスマートフォンの光，避難所体育館の窓のカーテンのわずかな隙間から伸びてくる太陽光，沢山の被災者の様々な色の集合がどちらを見ても向かってきて，目を開けていることが難しい。そこに「炊き出しは11時から」「行政手続きは公民館へ」等の文字情報も加わると，今自身に必要な情報と不要な情報の振り分けを行うエネルギーが残らず情報の渦に頭をかき回されるような感覚になる情報酔いを起こす。

　もしも筆者が被災して避難所を利用することを想像すると，直接の被害が最も辛いことではあるが，その他にも日常のルーティンが大きく崩れるショックでストレスフルな出来事のさなかで，感覚過敏の嵐にさらされる避難所は耐え得る環境とは思えなかった。

② 地域で障害を開示する困難

　避難所には，最も近い地域に住む人たちが集まる。その人たちの中で自分が発達障害者だと明かすのは，正直なところリスクが高すぎると感じてしまう。「当事者だと教えてもらわないとサポートができない」「言ってくれたらいいのに」という善意の声に，我々当事者はより自分を小さくするしかないのが現状である。

　発達障害当事者である自身にどのようなサポートが必要かを，場合によっては障害への無理解や偏見に遭う覚悟をしつつ，相手の立場や状況や気持ちを推し量りながら適切な言動をもって伝え，非常時で余裕の少ない相手の苛立ちに触れても必要以上に落ち込まないことは，筆者にはできそうにない。

　筆者の災害発生時の「その時そばに頼れる人がいるか」という不安に対し，「地域の理解が必要である，地域の人々の障害理解が進むことが求められる」と述べたいところだ。しかし，まもなく発生するかもしれない災害に備えるためには，障害を含めた自身を知っている人にいかに近くにいてもらうか，ということが先決であると考えてしまう。

凸凹ライフデザインの取り組み

　直接大きな被災をしていない筆者であっても，災害時だからこそ当事者会の開催が必要だと感じたが，被災したメンバーらはより深刻に必要としていた。しかし，地震後すぐ，会場として使用していた公民館等は全て避難所となり，福祉センターは被害を受け閉館していた。

　毎月2回開催されていた当事者会が「ない」ということは，実際に参加するかどうかにかかわらず，大きなルーティンの崩れであり，不安を引き起こす。被災によって生活が変わり，前述のように仕事上でのストレスが大きくなったり，家族と過ごす空間が安全ではなくなっていたりするメンバーが多かった。当事者会を再開しなければならないと考え，助成金を得て，会場として使用できる物件を探しまわり，交渉し，6月に契約することができた。

　熊本市中央区に開設した「被災地共助センターしろくま」では，主に定例会とメディア対応を行った。また家族関係等で自宅にいられなくなった人が一時的に宿泊する場所としても使用した。しろくまは事務所物件であったが，もう一つの物件はアパートタイプの物件で，デザイン感覚の優れた当事者スタッフに頼み，アットホームな雰囲気に設営してもらい，主に居場所やイベント会場として使用した。

　当事者会メンバー3名をスタッフとして雇用していたが，それぞれ役割を自身で作ることが上手いと感じた。一人はポスターやキャラクターのデザイン，冊子の編集をメインに行い，もう一人は広報活動やブログの更新を熱心に行った。そしてもう一人は，ス

タッフと筆者間の関係を調整し続けてくれた。関係調整の役割を担える人がいたことは重要であった。

　物理的な場所があることで支援のつながりが生まれたことがあった。発達障害のある被災者を対象とした MBTI⁽⁵⁾講座を予定している方が，我々の場所のことを知って訪問され話をした縁で，後に講座を開催できた。被災し落ち着かない日々を過ごす当事者にとって，自身を整理して客観的，肯定的にとらえる時間は非常に有意義であった。講師とは現在も連絡がある。

障害者の防災に必要な資源・環境

①　当事者団体が社会資源として認知される必要性——当事者会，当事者団体のつながり：当事者団体が社会資源として地域で認知されることが必要

　熊本地震後，我々発達障害者の生活には平時からの当事者会でのつながりが被災後大いに役立った。精神的な安定はもちろん，具体的な情報網としても機能した。しかし，私たち当事者団体が被災後何を行ったかは公的にアーカイブされておらず，評価を受ける機会もない。

　当事者団体が地域の社会資源として認知され，それは災害時に具体的な役割を担い得るものであることが記録され，蓄積されることを願う。今後万一災害が起こった時には，リアルタイムで当事者団体の動きと社会的役割を記録していくことが望まれる。

　地域のソーシャルワーカーには，その役割として，平時からインフォーマルな社会資源との連携を重視することも大切にしてほしい。各地域にはそれぞれ独自の，当事者にとって重要な役割を果たしている団体，人が存在する。先入観を持たずにそれらと関わり，他機関，団体とつなぐ存在となってほしい。

②　具体的な物を用いて防災意識を高める——備えが大事とわかっていても風化・失念（考えすぎてつらくならないという点では大切なことでもある）はある／物で補うことも重要

　熊本地震から 7 年が経とうとしており，当時の記憶が薄らいでいたり，具体的な防災対策を以前より行わなくなったりした者も多い。改めて平時から行う防災対策として，具体的な物（水や食料品，小型ラジオ等）を確認するのも一つの方法ではないかと考える。私たち発達障害者は，イメージするよりも具体的な物が目の前にあった方が意識の集中が容易になることも多い。どのような物があれば被災時に安心して過ごし行動できるかを検証することも，発達障害者の防災意識を高める上で重要かもしれない。

③　効果的な周知活動——社会的弱者の防災について，社会的弱者・当事者としての
　　効果的な発信の必要

　私たち社会的弱者の防災は，一義的には私たちが主体となって構築していくべきであ
ろう。しかし，私たちはまだ支援の対象としてまなざされることが多く，まして災害時
となれば私たちをどう扱うかという論に偏りがちである。しかし，このような支援が必
要であると私たちが声をあげることが，災害時に限らず社会の意識を変えるためにも重
要な要素である。

　熊本地震での筆者の印象としては，普段社会によって隠されていた社会的弱者の存在
が被災によってあぶり出され，しかしすぐにまた社会から見えない，見なくていい場所
に埋め戻そうとする力によって隠されていくようであった。

　みなし仮設避難者の相談をしていた時も，プレハブ仮設のように集団ではなく情報も
届きにくい場所で生活する被災者の不安を感じながら，一方で，仮設住宅から賃貸契約
や自宅再建へ世帯数が早期に移ることを期待する行政の姿勢も感じる状況にどう向き合
うか，常に葛藤があった。また例えば，行政に障害のある被災者のニーズと必要な支援
を行いたい旨を伝えると，しばしば「早期に『通常の福祉』で対応するように」という
言葉を受けた。もちろん行政も社会も，災害のような非常事態はストレスであり早く
「平時」に戻りたいというのはあるだろう。しかし障害・障害者は平時に含まれるもの
のはずである。障害というワードを出すと，それを非常時のさらに異質物として受け取
り，それらは「通常の福祉」という自分たちには見えない場所に任せようという意識が
あるのではないか，とも思ってしまうのは穿ち過ぎだろうか。

　我々が障害当事者として，社会的弱者として地上に顔を出し，何を必要としている人
間なのか，地域社会に伝えていくための効果的な発信方法の検討が今後重要であると考
える。

注
(1)　現「一般社団法人よか隊ネット熊本」。尚，支え合いセンター受託の都合上，元よか隊ネット
　　は一般社団法人よか隊ネット熊本と，一般社団法人 minori に分かれている。
(2)　熊本県発達障害当事者会 Little bit。
(3)　WAM：独立行政法人福祉医療機構。平成28年度社会福祉振興助成事業「熊本地震被災発達障
　　害当事者への支援事業」として行った。
(4)　強迫神経症のある筆者は，例えばコロナ禍においては，見えないウイルスが自身の体に付着し
　　ているイメージが離れず手指消毒が一時期やめられなくなった。
(5)　Myers-Briggs Type Indicator, 自身がどう世界を認識し物事への決定を下すかについての心
　　理学的な選好を知る診断テスト。結果は16の性格類型に分類される。一般社団法人日本 MBTI
　　協会（http://www.mbti.or.jp/）。

コラム3

精神障害のある人と災害時の支援についての課題とこれから
——当事者団体の取り組みから

一般社団法人精神障害当事者会ポルケ代表理事

山田悠平

　筆者が代表を務める一般社団法人精神障害当事者会ポルケは，東京都大田区を拠点にする精神障害のある人によって運営をされる障害者団体である。これまで，東日本大震災や熊本地震を経験した精神障害のある人や支援者らを招いての学習活動や，2019年台風19号の際には障害のある人を対象にアンケート調査を行い，地域の防災計画の在り方の提言を行っている。今年の5月には，一連の取り組みについて，国連アジア太平洋経済社会委員会（UN ESCAP）主催の障害インクルーシブ防災（DIDRR：Disability Inclusive Disaster Risk Reduction）をテーマとした会合にて事例報告をした。今年度は，国立精神・神経医療研究センター精神保健研究所と協働し，DIARY プロジェクト（Disability Inclusive Action and Disaster Risk Reduction surveY）という取り組みを発足した。これは，被災経験をもつ精神障害当事者・支援者を対象としたインタビュー調査事業等を行い，障害インクルーシブ防災行動に関する研究調査と課題解決のための社会実装を目的としたものである。このような事業を通じた知見を基にして，精神障害のある人と災害時の支援についてレポートをする。

精神障害のある人

　『令和3年版障害者白書』（内閣府）によると，国内には419.3万人の精神障害のある人がいるとされている。これを日本国内の人口千人当たりの人数でみると33人となり，決して少なくない人数である。近年，日本の精神障害のある人の数は増加傾向にある。厚生労働省が実施する患者調査によると，1999年時の外来患者数は170万人であったのに対して，2017年時の外来患者数は389.1万人と倍増を示している。15年前と比較すると，気分障害（躁うつを含む）が約1.8倍，神経症性障害，ストレス関連障害及び身体表現性障害が約1.7倍と増加割合が顕著である。背景には，長引く不況などによる労働環境の悪化や生活不安などのストレスの増加が原因と考えられている。他方で，年齢階級別では，全階級で増加傾向だが，特に認知症（アルツハイマー病）を持つ人が増えたことから，後期高齢者（75歳以上）が顕著であり，15年前と比べ約3.2倍に増加してい

る。このような急激な変化を迎える中で，多様な精神障害のある人に必要な地域での精神医療保健福祉体制の整備が急務となっている。

精神障害の理解

　当事者会では理解啓発活動を行っているが，"精神障害はわかりにくい障害"という言葉をいただくことが多々ある。見た目ではわかりにくいことと，同じ診断名であっても生活の困難さの表出に違いがあることなどが要因であると考えられる。一方で，当事者の立場からすると偏見や差別の問題が根深いことから，精神障害があるということを周囲に明らかにすることに困難が伴っている人が大勢いる。

　本人が言いたくなければ言わなくてよいのではないかといった考え方もあるが，地域社会での生活を考えるとそれは必ずしも良い考え方とはいえない。なぜなら，障害の合理的配慮を求める際に，障害のある人からその立場を明らかにし，必要な配慮事項を伝えることが制度の立て付けとして求められているからである。共生社会づくりには，違いを認めあい，安心して自分らしくいられるような規範が大切だと私は考えている。当事者会では，エンパワーメントを目的に，それぞれの経験を相対化させて，周囲への伝え方がうまくいった事例やいかなかった事例をもとにワークショップを行ったことがあった。精神障害のある人が地域社会において見えにくくなっていて，必要な SOS を本人たちからも言いにくくなっている構造があることは，災害時という非常事態に際しては特に留意が必要である。

被災経験から見えてきた課題

　2019年に発生した台風19号は，全国的に大きな被害をもたらした。政府はこの台風の被害に対し，大規模災害復興法の非常災害の適用を行った。また，災害救助法適用自治体は，14都県の390市区町村であり，東日本大震災を超えて過去最大の適用となった。一級河川である多摩川が流れる東京都大田区では早期の警戒体制が行われた。大田区が直営する３施設で，初めて福祉避難所が開設された。精神障害当事者会ポルケは，当時の状況について，大田区障がい者総合サポートセンター（さぽーとぴあ）へのヒアリング調査を行ったり，精神障害のある人らに対してアンケート調査を実施した。

　ここで明らかになった課題のひとつに，避難行動要支援者名簿のことがある。これは，災害対策基本法に基づき，大地震などの災害が起こったときに，自力で避難することが難しく，支援を必要とする人々（避難行動要支援者）をあらかじめ登録しておく名簿として，避難支援への活用が期待される制度である。このような大切な役割期待があるにもかかわらず，残念ながら，アンケート調査においては，避難行動要支援者名簿につい

て「知っている」と答えた人はわずか約16％と限定的であった。一方で，記述回答からは，「プライバシー配慮のことが気になる」という声が聞かれた。実際，避難行動要支援者名簿に登録されると，消防，警察をはじめ，様々な行政機関で情報が共有され，地区担当の民生委員児童委員や町内会でも情報が共有されている。先述の通り，精神障害については根深い差別や偏見の問題があり，精神障害のある人はその立場を必ずしも周囲に明らかにしていない。それぞれの機関が必要な個人情報保護規定に則り，対処をしていると思われるが，どこまで管理体制が万全か疑わしいような事例も漏れ聞くところである。近年の災害対策基本法改正により，名簿登録の取り扱いが，必ずしも任意ではなくなったと承知しているが，情報の取り扱いの目的や必要な個人情報保護がどのように取られているかといったことについて，登録をした際には特に丁寧に説明をし，当事者の懸念に応えることは必要なことだと思われる。

　他方で，2022年6月に公表された「避難行動要支援者名簿及び個別避難計画の作成等に係る取組状況の調査結果」によると，個別避難計画に係る避難支援等関係者となる者のうち福祉専門職を挙げた市町村は全体のおよそ20％に満たない状況が明らかになった。もっとも日頃の支援関係にある支援職は，精神障害のある人にとっては被災時においても大いに頼れる存在のひとつである。被災経験のある精神障害のある人の多くが，日常の喪失から不安な気持ちを抱える。先述の台風被害の際には，単身者同士で友人宅に集まったりした仲間もいたが，不安に苛まれながら一夜を過ごした人が多かったように思う。翌日に施設職員から電話連絡があり，安堵した旨のアンケート回答があった。災害時において平時からの支援関係にある福祉支援者のサポートが図られるようにすることが重要である。

　他方で，とある地元の福祉支援施設のセンター長からは，職員によっては遠方から出勤をしている人がいること，小さいお子さんを抱えているといった家庭事情などに鑑みて，災害時にどこまでのサポートを職員に課してよいものか悩んでいるという声も聞かれた。いずれにしても，被災時における支援がどこまで可能なのか，場合によっては難しいことがあるのか，このあたりについて職員間でよく話し合うこともだが，当事者本人とも個別避難計画を策定するときなどに話題にしてもらうことが本来は望ましいと考える。被災時においてすべてのサポートが難しいとされたときに，当事者本人が備えとすべき範囲を自覚的になれることを前向きに考えることは，むしろ重要なことではないだろうか。

避難所について

　大田区の資料によると，2019年の台風19号被害における大田区の避難所の利用者は 1

万2102人であるのに対して，福祉避難所の利用は77人であったことが明らかになった。日本の障害者の数は人口のおよそ12％程度ともされている。福祉避難所の利用が障害者の人口比からしてもあまりに少なかったことがわかる。この間の調査では，単身生活の精神障害のある高齢男性からは「福祉避難所を利用したくても利用できなかった」という声も寄せられている。背景には，平時において福祉避難所がどこで開設されるか情報公開がされていないという問題がある。学校や公民館のような大規模収容の避難所は，心身の負担があることや周囲に迷惑をかけないかとの遠慮から自分に適さないと考える精神障害の人もいる。在宅避難も有効な方法であるが，必要な物資がしっかりと届けられるような体制が必要である。たとえば，支援関係においては福祉支援職の方は，個別避難計画等で避難生活のスタイルの希望を事前に把握をしておくことも一案である。しかし，もっとも考えなくてはならないのが，平時は障害福祉サービスを利用していないけれども，被災時に支援ニーズがある人のサポートをどこまで地域全体において対応できるかという問題である。精神障害のある人の中には支援を自ら頼るということに長けた人ばかりではない。特に単身世帯の孤立の問題は深刻である。必要な情報，必要な物資をアウトリーチすることは平時からの課題かもしれない。地域のアウトリーチ支援の仕組みは，まだまだ脆弱である。自立生活援助などの公的サービスも生まれたが，被災時のサポートも鑑みたアウトリーチに関する制度や仕組みの整備を期待している。ソーシャルワーカーのみなさんはどのようにお考えだろうか。

　また，避難所での出来事についても述べたいと思う。ほかの地域での避難所で過ごしたことのある精神障害のある人からは，「プライバシーが保てない空間は大変で症状が悪化した」「ラジオ体操が不定期に大音量で行われ，日中休むことができなかった」などといった事例が寄せられている。ほかには，グループホーム単位で利用者と避難したところ，運営者から追い出されてしまったといったような事例も寄せられている。避難生活は大変な時期であるがゆえに，トラブルも起きやすいと聞く。このようなことが今後繰り返されないためにも，平時から福祉支援職の方が地域生活を送る当事者の人たちとともに，地域行事にともに参加をするといったような日頃の関係づくりに取り組むことはやはり重要なことだと考える。

服薬確保について

　精神障害のある人の多くが薬物治療を受けている。被災した精神障害のある人の多くは，自助努力として常にお薬を携帯したり，在宅時にお薬を保管するところを定めたり，お薬手帳をコピーするなど，対策を取っている人が多くいる。災害に備えて，診察の際に多めにもらえるように相談をしている人もいた。このようなことは，私たち当事者に

とっては大事なことであるが，なかなか普段の診察の場では相談できていないという実態がある。診察において専ら話題になるのは近況の体調面の変化である。災害時のことを医療従事者から話題にされない限り，当事者側から積極的に相談しにくいものだ。福祉職のみなさんがもし通院同行の支援の機会があれば，災害時の服薬について話題にしていただくのも重要なことかと思う。

　一方で，福祉支援職の方は，相談支援において利用者の服薬治療の状況等の医事情報についてはどこまで把握をしているだろうか。2022年に私たちが実施したインタビュー調査では，東日本大震災において実際に一部の地域では日頃の服薬の確保が困難となるケースが確認されている。当時の反省から服薬状況について平時から把握をすることが当初はあったようだが，最近はそこまで徹底できていないという声が寄せられている。

　精神障害のある人のなかには，その忌避感から服用している薬についてそこまで関心をもてない人もいる。医療の役割にどこまで福祉支援職として踏み込むべきか悩まれる方もいるかもしれないが，積極的に医療支援ともコミュニケーションをとっていただきたいと思う。

防災学習を地域のつながりの機会に

　防災学習については，災害時のことを考えることでの心理的なハードルを感じる人もいる。偏見を恐れるあまりに，町内会単位の避難訓練には参加しにくいといった声が多く聞かれる。このような当事者が感じる敷居を下げる取り組みが必要である。大田区においては，水災害に備えて，要配慮者向けのマイ・タイムライン講習会といった取り組みが区主催のもと毎年行われている。また，土のう袋レースや避難生活を想定した料理づくりなど楽しみごとを交えた防災ワークショップイベントが区民協働支援施設で行われている。このような機会は，地域での顔と顔の関係をつくることにもつながり，障害理解を地域からつくる副次的な効果も期待できる。

　災害時の精神障害のある人の困難さは，症状の重さでは測ることはできない。家族構成や障害福祉サービスの利用の有無などによっても大きく影響される。孤立をどのように防ぐかは大きなポイントであるが，どのように支援の枠組みに包摂されるべきかは，有事であろうとも本人の意向が尊重されなくてはならない。たとえば，防災の一環の取り組みが，不本意な形で周囲に暴露されるようなことは避けなければならない。精神障害があることで起きる課題について，私自身もそうだったが，精神障害のある人もイメージがついていないという問題も押さえなくてはならない。

　災害対策基本法改正に伴い，個別避難計画の作成が自治体の努力義務となっている。

まだまだ、薬の確保や避難生活をどのように過ごすかなど、精神障害のある人に係る特有の課題について、取り上げられることも少ないと聞く。地域の保健福祉医療を担う方々におかれては、まずは当事者とともに考え、取り組んでいくことが増えることを期待している。現在、精神障害当事者会ポルケでは、当事者や支援職の被災経験をもとにした映像資料の作成を計画している。被災をしたときのイメージはなかなか具体的につかないという声が聞かれた。心理的な侵襲性に留意しながら、各地で立場を越えて学びを深めるワークショップに活用してもらえないかと考えている。

　災害時はなにが起きるか不確実に満ちている。その時に支援者がそばにいられるとも限らない。それゆえに、エンパワーメントを育むことは極めて重要になる。自立支援協議会や精神障害のある人にも対応した地域包括ケアシステムの協議の場を活用した地域全体での促進も重要である。平時から取り組むべきことの必要性を本稿では繰り返し述べてきた。ソーシャルワーカーのみなさんにおかれては、被災時の支援を平時からの地続きとして捉えたソーシャルアクションに期待したい。

参考文献・資料
【活動報告】精神障害・発達障害者の被災経験から考える防災・減災のこれから～ポルケフォーラム2019～（精神障害当事者会ポルケ）（https://porque.tokyo/2019/03/15/bousai2019/）。
【活動報告】2019年台風19号から考えるこれからの防災・減災の在り方 調査報告・提言書（精神障害当事者会ポルケ）（https://porque.tokyo/2021/10/02/2019-typhoon/）。
【活動報告】大田区地域防災計画（令和4年度修正）パブリックコメント（精神障害当事者会ポルケ）（https://porque.tokyo/2022/02/24/public-comments-ota/）。
【活動報告】国連アジア太平洋経済社会委員会主催の障害インクルーシブ防災をテーマとした会合に参加（精神障害当事者会ポルケ）（https://porque.tokyo/2022/05/07/didrr/）。
【活動報告】国連障害者権利条約締約国会議サイドイベント 共催実施（精神障害当事者会ポルケ）（https://porque.tokyo/2022/06/18/crpd-side-event-2022/）。
【活動報告】（アーカイブ配信あり）メンタルヘルス政策プロジェクト公開シンポジウム「災害時のメンタルヘルス支援～応急対応から継続対応に向けた支援者連携のあり方～」に登壇（精神障害当事者会ポルケ）（https://porque.tokyo/2022/10/28/hgpi/）。
東京都社会福祉協議会（2021）『福祉広報』752号（https://www.tcsw.tvac.or.jp/koho/documents/fukushikouhou202109.pdf）。

資　　料

年	災害名	災害の内容	トピックス
1891	濃尾地震	美濃・尾張一帯をマグニチュード8.4の地震。死者7,466人	・石井十次・震災孤児院設立(1892)
1923	関東大震災	伊豆沖の海底でマグニチュード7.9の激震。死者約99,000人，行方不明43,000人	・国が(財)同潤会を設立し被災者支援のため仮設住宅を建設(1924)
1946	昭和南海地震	潮岬南方沖を震源としたマグニチュード8.0の地震。死者・行方不明者1,330人	・災害救助法の成立(1947)
1948	福井地震	福井平野で地震が発生。福井市内の建築のほとんどが倒壊。死者は福井県で3,700人	・建築基準法の成立(1950)
1959	伊勢湾台風(台風第15号)	紀伊半島から東海地方を中心とし，ほぼ全国にわたって甚大な被害を及ぼした台風。死者は4,697人	・災害対策の一般法として災害対策基本法が成立(1961)
1967	羽越豪雨水害	山形県と新潟県下越地方を中心に被害が発生。死者は104人	・災害弔慰金法が制定(1973)
1991	雲仙普賢岳噴火災害	198年ぶりに噴火，まもなく活動は低下したが，再び噴火が始まり，土石流が発生。火砕流により死傷者，行方不明者が発生	・雲仙普賢岳対策基金(復興基金)が設置(以後，大規模災害の場合に設置されることに)
1995	阪神・淡路大震災(兵庫県南部地震)	淡路島北部から神戸市垂水区沖の明石海峡を震源として，マグニチュード7.3の地震。死者6,434人。全国から延べ137万人以上のボランティアが被災地に駆けつけ「ボランティア元年」という言葉が生まれた。生活支援アドバイザー(LSA)，生活復興相談員，高齢世帯生活援助員(SCS)等の相談員が設置された	・被災者生活再建支援法の成立(1998) ・特定非営利活動促進法の成立(1998)
2000	鳥取県西部地震	鳥取県の西部を震源として発生したマグニチュード7.3の地震。死者はなし，負傷者182人	・私有財産である住宅関連費用を公金で支援する鳥取県西部地震被災者向け住宅復旧補助金制度の施行
2004	新潟県中越地震，平成16年台風第23号，新潟・福島豪雨	この年，全国的に風水害，地震等が相次ぎ，多数の高齢者が犠牲になる。全国で58の災害ボランティ	・災害時要援護者の避難支援ガイドラインの策定(2005) ・災害時要援護者の避難支援ガイ

		アセンターが設置。新潟中越地震では，生活支援相談員が社会福祉協議会に配置された	ドラインの改定（2006）
2007	能登半島沖地震，新潟中越沖地震	日本海側で大規模地震が相次ぐ。能登半島地震ではマグニチュード6.9の地震が発生，石川県七尾市，輪島市等で震度6強を観測した。新潟中越沖地震ではマグニチュード6.8の地震が発生し，新潟県柏崎市，長岡市，刈羽村等で震度6強を観測した。この地震により東京電力柏崎刈羽原子力発電所3号機変圧器から火災が発生，少量の放射性物質の漏れが確認された	・災害時要援護者対策の進め方について～避難支援ガイドラインのポイントと先進的取組事例～の作成（2007） ・厚生労働省通知の発出「要援護者に係る情報の把握・共有及び安否確認等の円滑な実施について」「要援護者の支援方策について市町村地域福祉計画に盛り込む事項」（2007） ・福祉避難所設置・運営に関するガイドラインの策定（2008）
2011	東日本大震災（東北地方太平洋沖地震）	東北地方太平洋沖地震とそれに伴って発生した津波，およびその後の余震により引き起こされた大規模地震災害。死者15,894人。この災害では3,000人以上の災害関連死が発生した	・東日本大震災復興基本法の成立（2011） ・厚生労働省通知の発出「応急仮設住宅地域における高齢者等のサポート拠点の設置について」（2011） ・災害対策基本法の改正・避難行動要支援者名簿規定を創設（2013） ・避難行動要支援者の避難行動支援に関する取組指針の策定（2013） ・避難所における良好な生活環境の確保に向けた取組指針の策定（2013）
2016	平成28年台風第10号，熊本地震	西日本から北日本にかけての広い範囲で大雨となり各地で浸水被害が発生。岩手県岩泉町では，高齢者グループホームで避難誘導が遅れ，入所者9人が死亡。 また，熊本地震では4月14日にマグニチュード6.5の地震が発生し，熊本県益城町で震度7を観測し，16日にはマグニチュード7.3の地震が再び発生し，益城町および西原村で震度7を観測した。これらの災害で住居が全壊等の被害を受け，	・厚生労働省通知の発出「介護保険施設等における利用者の安全確保及び非常災害時の体制整備の強化・徹底について」等（2016） ・全国災害ボランティア支援団体ネットワーク（JVOAD）が設立（2016） ・水防法及び土砂災害防止法の改正・避難確保計画の作成及び避難訓練の義務化（2017） ・避難勧告等に関するガイドライ

		自らの資力では住居が確保できない被災者に対し，民間賃貸住宅を借り上げて無償で提供する事業を実施した（みなし仮設）	ンの改定（2017） ・障害者差別解消法〜合理的配慮の提供等事例集〜において災害時における合理的配慮を明記（2017） ・男女共同参画の視点からの防災・復興の取組指針の策定（2017）
2017	平成29年7月九州北部豪雨	死者37人，行方不明者4人	
2018	西日本豪雨災害（平成30年7月豪雨），北海道胆振東部地震	死者237人，行方不明者8人	・福祉避難所の確保・運営ガイドラインの改定 ・災害関連死の定義を事務連絡通知（2019）
2019	令和元年房総半島台風（令和元年台風第15号），令和元年東日本台風（令和元年台風第19号）	令和元年房総半島台風では長期停電や通信障害が生じた。令和元年東日本台風では死者9人，行方不明者3人の被害を出した	・令和元年台風第15号に係る検証チームを設置（2019） ・令和元年台風第19号等による災害からの避難に関するワーキンググループを設置（2019）
2020	令和2年7月豪雨	死者84人，行方不明者2人	・災害対策基本法の改正・避難情報の改正（2021） ・災害対策基本法の改正・個別避難計画の作成を市町村の努力義務化（2021） ・福祉避難所設置・運営に関するガイドラインの改定（2021） ・災害対策基本法施行規則の改正・指定福祉避難所の指定およびその受入対象者の公示（2021） ・介護施設および障害サービス事業所における BCP（事業継続計画）の努力義務化（2021） ※2024年より義務化
2021	熱海市伊豆山地区土砂災害	死者28人，負傷者3人	・宅地造成等規制法の一部を改正する法律の施行（2023）

（作成：家高・後藤・立花・山田。）

おわりに

　今回の社会福祉士・精神保健福祉士の抜本的なカリキュラム改正は，防災・減災に対してソーシャルワークの視点から人権の尊重や人間の可能性，多様な支援のあり方を検討・醸成していく契機となると感じている。ソーシャルワーカーとしての専門性の土台は，価値および倫理（ものごとの判断基準，考え方や方向性）であり，そこに正確な知識や情報を把握・活用し，さらに最新で効果的な技術や技能を発揮できてこそ，有用で有機的なソーシャルワークが機能することとなる。また，その効果を科学的に検証し，ソーシャルワーカーのみならず他の専門職や市民等と共にエビデンスを認識するためには，援助方法として用いた理論とエビデンスが結びついていることを言語化し可視化していくことが必要不可欠である。そのためには，ソーシャルワークの専門職やソーシャルワーカーをめざす学生が，「災害ソーシャルワーク」について，自分自身に何ができるのか検討し実践を積み重ね，災害時におけるソーシャルワーカーの役割やソーシャルワーク機能に関するエビデンスを蓄積していくことが重要である。

　本書が，災害に関して山積する課題への解決，援助対象者（子ども，障害当事者，高齢者，在留外国人，孤立している人，病に苦しんでいる人など）の明るい未来を照らすために，ソーシャルワークに携わる専門職や，保育士や社会福祉士・精神保健福祉士をめざす学生にとってわかりやすく役に立つ燈明となれば幸いである。

　刊行にあたり，災害ソーシャルワークに関する課題や問題について研究されている先生方や災害支援活動経験が豊富な先生方，障害当事者の方々にも執筆に加わっていただいた。社会福祉士や精神保健福祉士等のカリキュラム改正や災害支援の動向等を見ながら構成していったこともあり，執筆者の先生方にも無理なお願いをすることもあったが，快く応えてくださったことで本書を完成

することができた。最後になるが，本書発刊の機会，企画や編集にあたり多岐
にわたるアドバイスをくださったミネルヴァ書房営業部長の神谷透さん，編集
部の亀山みのりさん，深井大輔さんに心から感謝している。

2023年8月

編者一同

さくいん

《**執筆者紹介**》執筆順，＊印は編者

＊**立 花 直 樹**（たちばな・なおき）序章
　　編著者紹介参照。

＊**家 髙 将 明**（いえたか・まさあき）第1章
　　編著者紹介参照。

　遠 藤 洋 二（えんどう・ようじ）第2章
　　現　　在　関西福祉科学大学社会福祉学部教授。
　　主　　著　『災害ソーシャルワークの可能性——学生と教師が被災地でみつけたソーシャルワークの魅力』（共編著）中央法規出版，2017年。

　小笠原 將 之（おがさわら・まさゆき）第3章
　　現　　在　関西福祉科学大学心理科学部教授。
　　主　　著　『自死遺族支援と自殺予防——キリスト教の視点から』（共著）日本キリスト教団出版局，2015年。
　　　　　　　『宗教が拓く心理学の新たな世界——なぜ宗教・スピリチュアルが必要なのか』（共著）福村出版，2023年。

　園 崎 秀 治（そのざき・しゅうじ）第4章
　　現　　在　オフィス園崎代表。

　重 森 健 太（しげもり・けんた）第5章
　　現　　在　関西福祉科学大学保健医療学部教授。
　　主　　著　『走れば脳は強くなる——体を鍛えながら記憶・思考・発想力を高めるコツ』（単著）クロスメディア・パブリッシング，2016年。
　　　　　　　『地域リハビリテーション学（第2版）』（編著）羊土社，2019年。

　山 本 訓 子（やまもと・のりこ）第6章
　　現　　在　関西福祉科学大学健康福祉学部講師。
　　主　　著　『健康教育の理論と実践——わが国と外国の事例をもとに』（共著）日本学校保健会，2018年。
　　　　　　　『学校教育の現代的課題と養護教諭』（共著）大学図書出版，2021年。

＊**山 田 裕 一**（やまだ・ゆういち）第7章，終章
　　編著者紹介参照。

＊**後 藤 至 功**（ごとう・ゆきのり）第8章
　　編著者紹介参照。

《編著者紹介》

家 髙 将 明（いえたか・まさあき）
　現　　在　関西福祉科学大学社会福祉学部准教授。
　主　　著　『災害ソーシャルワークの可能性――学生と教師が被災地でみつけたソー
　　　　　　シャルワークの魅力』（共編著）中央法規出版，2017年。
　　　　　　『地域福祉と包括的支援体制』（共編著）ミネルヴァ書房，2022年。

後 藤 至 功（ごとう・ゆきのり）
　現　　在　佛教大学専門職キャリアサポートセンター専任講師。
　主　　著　『社会福祉施設・事業所の BCP（事業継続計画)』（単著）全国コミュニティ
　　　　　　ライフサポートセンター，2021年。

山 田 裕 一（やまだ・ゆういち）
　現　　在　関西福祉科学大学心理科学部専任講師。
　主　　著　『社会福祉――原理と政策』（共著）ミネルヴァ書房，2021年。
　　　　　　『特別支援教育と障害児の保育・福祉――切れ目や隙間のない支援と配慮』
　　　　　　（共著）ミネルヴァ書房，2023年。

立 花 直 樹（たちばな・なおき）
　現　　在　関西学院聖和短期大学准教授。
　主　　著　『現場から福祉の課題を考える　ソーシャル・キャピタルを活かした社会的
　　　　　　孤立への支援――ソーシャルワーク実践を通して』（共編著）ミネルヴァ書
　　　　　　房，2017年。
　　　　　　『ソーシャルワークの理論と方法Ⅰ（共通)』（共編著）ミネルヴァ書房，
　　　　　　2023年。

ソーシャルワーカーのための災害福祉論

2023 年 10 月 30 日　初版第 1 刷発行　　　　　〈検印省略〉

定価はカバーに
表示しています

	明	将	髙	家
編 著 者	功	至	藤	後
	一	裕	田	山
	樹	直	花	立

| 発 行 者 | 杉 | 田 | 啓 | 三 |
| 印 刷 者 | 坂 | 本 | 喜 | 杏 |

発行所　　株式会社　ミネルヴァ書房
607-8494　京都市山科区日ノ岡堤谷町 1
電話代表　(075) 581-5191
振替口座　01020-0-8076

ISBN 978-4-623-09647-3

Printed in Japan

杉本敏夫　監修

———————— 最新・はじめて学ぶ社会福祉 ————————

全23巻予定／Ａ５判　並製

順次刊行，●数字は既刊

———————— ミネルヴァ書房 ————————

https://www.minervashobo.co.jp/